W0311929

GOUVERNER L'AVENIR

Clément Tonon

GOUVERNER L'AVENIR

Retrouver le sens du temps long en politique

TALLANDIER
ESSAIS

© Éditions Tallandier, 2025
48, rue du Faubourg-Montmartre – 75009 Paris
www.tallandier.com

À celle avec qui mon temps suspend son vol

« Nous sommes au minuit de l'Histoire ;
les douze coups ont sonné,
et nos regards plongent devant nous
dans une obscurité où se dessinent des choses futures.
Ce regard s'accompagne d'effroi,
de lourds pressentiments.
C'est une heure de mort,
mais aussi une heure de résurrection. »

Ernst Jünger,
Le Mur du temps

Introduction

Affaires courantes

> « Ceux qui vivent au jour le jour vivent heureusement, mais on vit malheureusement sous leur conduite. »
>
> Richelieu, *Testament politique*

16 juillet 2024. Suite au pari perdu de la dissolution de l'Assemblée nationale, acté quelques jours plus tôt, le président de la République accepte la démission du Premier ministre Gabriel Attal. Son gouvernement, dans lequel figure le ministre de la Transition écologique et de la Cohésion des territoires dont je suis le conseiller depuis plusieurs mois, restera démissionnaire pendant cinquante et un jours. C'est plus longtemps que tous les précédents gouvernements démissionnaires de la Ve République, mais aussi de la IVe République, dont l'instabilité proverbiale a pourtant entraîné la chute. Pendant cinquante et un jours, la France se retrouve *de facto* sans gouvernement légitime à prendre d'autre initiative que celle d'« assurer, au nom de la continuité, le fonctionnement

minimal de l'État et le traitement des affaires courantes[1] ». Certains s'en réjouissent ouvertement, affirmant que cette période d'accalmie législative et réglementaire permettra aux Français de souffler et à l'administration de gérer le pays « en bon père de famille ». La Belgique est bien restée cinq cent quarante et un jours sans gouvernement… D'autres profitent de la trêve olympique et des vacances d'été pour se désintéresser et s'éloigner encore un peu plus des affaires publiques. Le plus grand nombre, pourtant, ressent un malaise diffus face à cette réalité qui blesse un peuple encore politique et toujours orgueilleux : la France n'est plus gouvernée, et ce pour la durée la plus longue depuis au moins la Seconde Guerre mondiale. Avec ce paradoxe angoissant : les défis à affronter n'ont jamais semblé aussi vertigineux et ils appellent manifestement des décisions fortes, pressantes et engageantes pour l'avenir. La crise climatique est là, omniprésente, mais le Gouvernement n'a désormais plus la légitimité de publier la grande stratégie publique d'adaptation au changement climatique à laquelle nous travaillons au ministère depuis plus d'un an. La Nouvelle-Calédonie sombre dans le chaos politique et la crise économique faute de perspectives tracées par la République. Le Proche-Orient s'embrase chaque jour un peu plus. La crise budgétaire s'annonce déjà à l'été avant d'apparaître dans sa dure réalité après la nomination, le 5 septembre, du Premier ministre Michel Barnier. Nous ignorons alors que ce dernier, malgré sa courageuse volonté de « relever la ligne d'horizon » de l'État, sera le plus éphémère locataire de Matignon de la Ve République et que notre pays est sur le point d'entrer dans une ère d'instabilité politique sans précédent dans son histoire récente. La France s'arrête au moment où elle semble le plus en retard sur son avenir. Le monde, lui, avance à pas de géant.

Une note envoyée le 2 juillet par le Secrétariat général du Gouvernement, tour de contrôle juridique de l'activité gouvernementale, nous a précisé la définition des « affaires courantes » : « Il s'agit en somme de l'ensemble des décisions dont on peut raisonnablement estimer que n'importe quel Gouvernement les aurait prises, parce qu'elles sont entièrement dictées par une forme d'évidence ou par les circonstances[2]. » Cette phrase me frappe. En tant que citoyen, j'ai l'impression qu'elle décrit ce qu'est devenue la politique depuis que je suis en âge de la comprendre. En tant que membre de cabinet ministériel, il me semble qu'elle s'applique à ce qu'est déjà l'action du Gouvernement depuis plusieurs mois, alors que nous tentons de naviguer au mieux dans un environnement marqué par les crises, les urgences et les colères. Ce livre est né de cette stupeur : depuis combien de temps sommes-nous réellement en affaires courantes ? Et de cette question, obsédante pour qui aime la politique et croit profondément en sa capacité à changer la vie et le cours de l'Histoire : comment en sortir ?

Face à ces interrogations, j'ai essayé de coucher sur le papier un constat et des propositions pour tenter de redonner de la profondeur de champ à l'action publique. Ce travail est marqué par un sentiment d'urgence paradoxal. Il y a urgence pour notre pays à retrouver le sens du temps long. Non pas qu'il faille mépriser le temps de l'événement et de la crise, qui imprime inévitablement sa marque sur l'art de gouverner. Un gouvernement qui refuserait de parer aux contingences pour rester perché sur les cimes de la longue durée serait voué à un échec rapide. Mais un système politique devenu structurellement incapable de savoir où il va, de définir une stratégie et de la mettre en œuvre est promis à une mort plus lente et plus douloureuse : une mort par épuisement. Épuisement de la force de gouverner, épuisement de la puissance d'agir du politique, qui engendrent inévitablement le mépris du peuple et la tentation de se livrer aux hommes forts masquant le vide de leur pensée derrière les airs martiaux de leur discours. Tout, dans le spectacle de notre vie publique, malgré la valeur et le courage de certains de ses responsables, nous ramène à ce constat de Clausewitz évoquant la décadence de l'État prussien sur le point d'être balayé par Napoléon : « On entendait encore la machine faire du bruit, mais personne ne se demandait si elle faisait encore son service[3]. » La machine de notre système politique et administratif fait du bruit, mais elle ne fait plus son service. Sa rénovation est une grande tâche politique si la France veut avoir une chance de retrouver la marche de son destin. Cet ouvrage entend y contribuer.

Avec un constat, d'abord, qui occupe le premier chapitre : nous vivons une époque politique marquée par un « grand déboussolement » qui traduit la perte de nos repères politiques et la crise de nos outils intellectuels pour se projeter collectivement dans l'avenir. Ce « grand déboussolement » est un phénomène profond dont la crise politique et institutionnelle que nous traversons n'est que l'un des symptômes de surface. J'utilise ce terme pour qualifier les forces puissantes à l'origine de l'impression diffuse que beaucoup de citoyens et d'acteurs publics ressentent depuis parfois plusieurs années. Le sentiment de ne pas avoir de cap clair, de boussole, d'être englués dans le temps de l'urgence et d'un présent dilaté alors que l'avenir du monde se charge de nuages de mauvais augure. Si le « grand déboussolement » est l'une des manifestations de l'accélération moderne du temps et du raccourcissement général des horizons d'expérience, y compris individuels, je crois qu'il faut l'analyser dans sa spécificité purement politique pour espérer le surmonter et retrouver le sens du temps long dans l'art de gouverner.

Viennent ensuite les propositions. Le deuxième chapitre de cet ouvrage est consacré à nos institutions démocratiques, car ce sont elles qui commandent au premier chef notre capacité à nous projeter collectivement dans l'avenir. Avec en filigrane une interrogation dérangeante : les démocraties sont-elles condamnées au court-termisme ? La Ve République a été bâtie sur des institutions stables et solides. Sa rythmique propre était censée permettre au président de la République d'orienter le pays dans le temps long et de donner au gouvernement les leviers pour mettre en œuvre sa politique. Les révisions constitutionnelles consécutives, la fragmentation du paysage politique français, et la déliquescence progressive des partis, producteurs indispensables des programmes et visions d'avenir soumis à la compétition démocratique, ont déréglé cette mécanique. La dissolution de juin 2024 et l'instabilité politique qui en découle semblent lui avoir donné le coup de grâce. La force de la Ve République, qui résidait dans l'esprit de ses institutions et la capacité de ses chefs à faire des choix, s'est évanouie dans la cacophonie parlementaire, les crises ministérielles et les combinaisons politiciennes qu'elle entendait précisément conjurer. Pour faire face à ce retournement historique, je propose des ajustements institutionnels permettant de retrouver une rythmique des institutions qui favorise les projets de long terme et le consensus politique nécessaire pour les mettre en œuvre dans la durée.

Le troisième chapitre s'intéresse au rôle de l'État comme institution par excellence ayant, en France, la charge du temps long. À l'heure du « retour des États » dans la compétition géopolitique mondiale, de la crise climatique et des bouleversements technologiques, l'État français éprouve de grandes difficultés à réinventer ses outils de prévision et ses instruments d'action pour transformer le réel. Pour ce faire, il doit éviter les deux écueils de la nostalgie de la planification à la française et du désengagement des politiques les plus stratégiques, ce qui a été sa tentation depuis quarante ans. Planifier ce qui doit l'être et libérer le reste : cette ligne de partage extraordinairement délicate est pourtant centrale. Pour la tracer, j'essaie de développer les contours d'une planification adaptée à l'ère de l'intelligence artificielle, d'une nouvelle philosophie de l'action publique et des instruments possibles pour agir sur l'une des grandes transitions en cours, qui percute notre modèle d'État-providence à la française : la transition démographique et le grand vieillissement du pays.

L'autre grande transition du siècle, celle que nous impose le changement climatique, est au cœur du quatrième chapitre. Notre entrée dans l'Anthropocène pose des questions inédites aux systèmes de gouvernement modernes. Je tente d'analyser en quoi les spécificités du réchauffement climatique d'origine humaine nécessitent de repenser notre organisation publique, ainsi que les mécanismes de notre solidarité nationale, qui doivent à mon sens évoluer vers une nouvelle génération d'État-providence écologique adapté aux risques et aux inégalités contemporains. La crise écologique impose également à l'État de réinventer une ambition aménageuse et d'adapter son action internationale à la nouvelle donne climatique : le concept de « puissance écologique » traduit la nécessaire intégration de la dimension climatique dans sa doctrine de sécurité nationale et sa projection de puissance.

L'action internationale de la France est justement l'objet du cinquième chapitre. Avec la réélection de Donald Trump en novembre 2024 et le retour de la guerre dans son étranger proche, en Ukraine et au Levant, la France entre dans une nouvelle époque géopolitique qui lui impose de repenser sa grande stratégie sur des bases nouvelles. Le concept de « grande stratégie » est issu du monde anglo-saxon et traduit la nécessité de penser sur le temps long une stratégie de puissance synchronisant les conditions de la solidité intérieure et les ambitions extérieures. Penser ensemble les conditions et les usages de sa puissance impose à notre pays un double effort de lucidité sur ses capacités et de volonté pour trancher certains nœuds gordiens stratégiques, ce qui lui permettra de déployer une politique étrangère conforme à la fois à l'état de ses forces, à ses intérêts et à ses valeurs dans le monde qui vient.

Le sixième et dernier chapitre s'attaque à la face nord du « grand déboussolement » : la fin des grandes idéologies et des grands récits d'avenir. Il explore les contours des nouveaux clivages politiques en construction en ce début de XXIe siècle et propose une analyse critique du populisme contemporain comme une idéologie à la fois symptomatique et performatrice de notre emprisonnement dans le présent. Je m'y risque à proposer une nouvelle synthèse politique susceptible à mes yeux d'offrir un projet d'avenir et de rassembler le plus grand nombre : un véritable libéralisme écologique, qui réconcilie la passion française pour la liberté politique et l'urgence de réinventer notre prospérité dans un monde fini. Le libéralisme écologique est aussi un libéralisme de combat, capable de penser le choc des puissances et l'autorité de l'État à l'heure où notre contrat démocratique est de plus en plus menacé, à l'intérieur et à l'extérieur, par de puissantes forces illibérales.

Michel Debré, alors âgé de 32 ans, rédigeait clandestinement en 1944, sous le pseudonyme de « Jacquier », en collaboration avec Emmanuel Monick, dit « Bruère », un pamphlet énergique et prophétique intitulé *Refaire la France. L'Effort d'une génération*. Écrit sous occupation allemande, ce texte entendait contribuer à définir les contours de la France bientôt libérée et à proposer les réformes structurelles nécessaires à son redressement. Il commençait par ces mots :

> Tous les Français parlent de l'avenir de la France. Cependant, s'ils sont d'accord sur les buts, ils sont divisés sur les moyens. Ce trouble dans les esprits a une cause première. Nous continuons à traiter nos problèmes suivant les méthodes d'hier, comme si elles n'avaient pas été jugées par les résultats [...] Il y a des époques dans la vie des Nations comme dans celle des hommes, où il leur faut faire un choix[4].

Il lui faudra attendre 1958 pour, sous l'autorité du général de Gaulle, mettre en œuvre sa vision et construire en six mois, par ordonnances, les structures de la France moderne.

Une fois de plus dans notre longue histoire, nous approchons de l'heure des choix. Les convulsions politiques qui frappent la Ve République, les forces puissantes qui menacent notre prospérité et notre sécurité engagent le pronostic vital du vieux modèle français. C'est aujourd'hui à notre génération de faire l'effort de remettre en question cet héritage grandiose que le temps, les épreuves et les réalités du monde ont usé et désaccordé. Avec le respect dû aux grandes œuvres des anciens, l'humilité devant les difficultés du présent et le courage face aux défis de l'avenir. Sortir des affaires courantes demandera plus qu'un changement de gouvernement. Les pages qui suivent proposent des pistes de réflexion pour retrouver une boussole et des lignes de force pour agir. Elles sont loin d'être les seules, et c'est heureux. Il faudra à la France de nombreuses énergies, une somme d'intelligences et beaucoup de bonnes volontés pour surmonter les écueils du « grand déboussolement » et retrouver le chemin d'un avenir prospère, puissant et libre. Le seul qui soit digne d'elle.

Chapitre premier

Le « grand déboussolement »

> « Tout ce qui était n'est plus ;
> tout ce qui sera n'est pas encore.
> Ne cherchez pas ailleurs le secret de nos maux. »
>
> Alfred de Musset,
> *Confessions d'un enfant du siècle*

Comment s'orienter en politique ? Cette question, qui a toujours obsédé les hommes d'État et leurs conseillers, a quitté le palais des Princes pour devenir la grande et sourde angoisse de notre époque. À l'ère de la crise climatique, face au retour du brasier de la guerre en Europe et devant la grande confrontation annoncée des techno-capitalismes chinois et américain, les Français doutent plus que jamais de la capacité de leurs gouvernants, voire du système démocratique[1], à tracer un chemin d'avenir. Nous vivons à nouveau, de façon peut-être plus aiguë que nos pères, l'une de ces périodes de dilatation du temps et de recomposition des repères du monde qui constituent le signe avant-coureur des grandes convulsions politiques. Antonio Gramsci, grand philosophe de la lutte de l'Homme et de l'Histoire, recourait depuis sa prison de l'île d'Ustica, pour qualifier ces époques d'inquiétude et d'impuissance, au terme d'*interrègne* : « La crise consiste justement dans le fait que l'ancien meurt et que le nouveau ne peut pas naître : pendant cet interrègne, on observe les phénomènes morbides les plus variés[2]. » L'« interrègne », cette vacance de la puissance, cette occultation du souverain qui instille le doute chez des citoyens « assujettis à toute espèce d'oppressions secondaires », a fait récemment sa réapparition dans le vocabulaire de l'analyse politique[3]. Face aux bouleversements du monde, il traduit ce constat tragique : le politique, faute de pouvoir commander au changement, a perdu sa capacité à conjurer la peur et à ressusciter l'espoir.

Pourtant, le trône est occupé. Nous avons des chefs, des institutions, des partis politiques. Le pouvoir n'est pas un lieu vide : en démocratie, les élections ont lieu, le Parlement légifère, la vie politique poursuit son cours, plus foisonnante et bavarde que jamais. Nos outils modernes de gouvernement pour prévoir, contrôler et exécuter l'action publique ont atteint un degré inégalé de raffinement. Malgré tout, notre système politique est comme encombré de lui-même, frappé de cécité. Placé devant l'évidence des problèmes, il est impuissant à vouloir les solutions. Incapable d'orienter les événements, il semble submergé par eux. Voilà pourquoi à l'image de l'« interrègne » je préfère celle, complémentaire, du « grand déboussolement » – si l'on veut bien me pardonner ce néologisme qui caractérise peut-être, au-delà d'un phénomène politique, la nouvelle condition anthropologique de l'humanité à l'ère du changement climatique[4].

Le « grand déboussolement » traduit la faillite ou l'obsolescence des outils et des repères intellectuels traditionnels qui permettent de s'orienter en politique. Il se manifeste au premier chef par une crise de la maîtrise du temps, dans ses trois dimensions : passé, présent et futur. Si l'accélération du temps et ses conséquences sociales voire anthropologiques ont fait l'objet d'études nombreuses[5], peu d'auteurs se sont attachés à en examiner les implications politiques et les moyens d'y remédier. Pourtant, face au « temps déchaîné » qui caractérise notre époque, force est de constater que nos gouvernants et nos institutions mêmes, qui sont pourtant censés incarner dans la durée la permanence et la cohérence de notre trajectoire collective, sont comme déboussolés. Le « maître des horloges », métaphore utilisée plusieurs fois par le président de la République Emmanuel Macron pour rappeler la fonction rythmique du souverain, a disparu. L'accélération du présent, sous l'effet de la succession des crises, de la folle mécanique médiatique et de l'omniprésence des réseaux sociaux, s'est accompagnée d'un inquiétant rétrécissement de l'avenir, avec le sentiment diffus que notre horizon collectif, au mieux, s'est rétréci, au pire, est promis à s'abîmer dans la catastrophe. Transformée en éternel présent, la temporalité politique n'est plus vécue que sur le mode du bricolage, de l'urgence, de l'opportunisme ou, pour reprendre le terme évocateur du grand sociologue allemand Hartmut Rosa, d'un « vagabondage[6] » ayant rompu les amarres avec l'héritage du passé et les enjeux de l'avenir.

Corriger la myopie du système politique et conjurer son incapacité croissante à définir une stratégie et à organiser le rythme du changement social sont ainsi devenus les grands défis de notre époque. D'abord parce qu'en alimentant le sentiment d'une impuissance voire d'un dépérissement du politique aux yeux du citoyen, le « grand déboussolement » menace les fondements mêmes du contrat démocratique : l'effondrement de la participation électorale et l'essor du populisme n'ont pas d'autre cause que la difficulté qu'éprouvent des démocraties à produire une promesse d'avenir et à infléchir le cours d'une Histoire qui semble écrite d'avance pour la mettre en œuvre. Menacées de l'intérieur par le désenchantement et la contestation populiste, les démocraties désorientées le sont aussi à l'extérieur. À l'ère de la « guerre hors limites[7] », où des régimes autoritaires ont fait de l'organisation de leur prospérité et de la projection de leur puissance sur le temps long une source de légitimité politique, les démocraties jouent leur survie dans leur capacité à soutenir cette compétition du long terme. Comme le relèvent les chefs d'État-major des trois armées américaines dans leur rapport intitulé *Joint Concept for Competing*, la compétition stratégique actuelle est « une lutte durable [*persistent*] et de long terme entre deux ou plusieurs adversaires poursuivant des intérêts incompatibles sans nécessairement s'affronter militairement[8] ». La géopolitique mondiale est plus que jamais une course de fond où c'est la constance dans l'effort national qui fera le départ entre les forts et les faibles.

Question existentielle pour les démocraties, le « grand déboussolement » est, plus encore, une menace pour la survie de notre civilisation confrontée au nouveau régime climatique. Il permet d'apporter une explication au désarroi de l'humanité face à la lutte contre le réchauffement global. Ce désarroi peut en effet s'analyser comme une incapacité du politique à synchroniser différents espaces-temps problématiques : local, global et planétaire ; temps de la vie individuelle, temps de l'histoire humaine et temps géologique de la Terre. Je reviendrai plus longuement sur cette difficulté des gouvernants à s'emparer de ces espaces et de ces durées qui excèdent les limites traditionnelles de l'analyse politique et dérangent les boussoles classiques du pouvoir.

Les Grecs, excellents marins, ont inventé la métaphore assimilant l'art de gouverner à celui de piloter un navire. Cette image du vaisseau ballotté par les flots est depuis devenue un lieu commun du discours sur la politique (jusqu'à donner son étymologie au terme même de *gouvernement*). Il y a, comme souvent chez les Anciens, beaucoup de profondeur dans cette comparaison. Comme le rappelait Cicéron, « c'est un art, pour le navigateur, de savoir céder à la tempête, dût-il, ce faisant, ne pas atteindre le port et [...] c'est folie de vouloir tenir coûte que coûte sa ligne primitive plutôt que de la modifier pour n'en pas moins aboutir, finalement, où l'on veut[9] ». Face au « grand déboussolement », il y a une forme de sagesse politique dans ce commandement : laisser de côté les cartes et les compas du passé, céder à la tempête en espérant trouver, au cœur du cyclone, de nouvelles façons de s'orienter en politique.

Domestiquer le temps

Tout avait pourtant bien commencé. L'histoire politique de l'Occident pouvait s'écrire comme une lente domestication du temps par les hommes. Le monopole du chef pour organiser l'avenir de la collectivité est même une caractéristique primitive de la légitimité politique : n'exige-t-on pas encore aujourd'hui de nos hommes et femmes politiques qu'ils proposent et incarnent une « vision » ? Près d'un tiers des Français estiment toujours que la principale qualité d'un président de la République est d'avoir un programme clair et une vraie vision de ce qu'il veut pour la France[10]. Cette dimension visionnaire du politique est ancienne. Cicéron, non sans une pointe d'ironie, nous rappelle déjà l'importance, dans la Rome antique, de la divination comme prérogative royale : « En général, chez les Anciens, ceux qui détenaient le pouvoir étaient également maîtres des auspices ; on considérait que la divination était, comme la sagesse, une qualité royale. Notre cité en témoigne car des rois augures, puis des particuliers investis du même sacerdoce y gouvernent grâce à l'autorité de la religion[11]. » Les grands législateurs de l'Antiquité, Lycurgue pour Sparte, Solon pour Athènes et Numa pour Rome, sont tous crédités par leurs contemporains d'une inspiration divine leur permettant d'entrevoir l'avenir de leur peuple. Ils ont en partage « leur sagesse à gouverner, leur dextérité à manier leur peuple et à leur faire croire que les dieux leur auraient révélé les lois qu'ils établissent[12] ».

Le politique doit ainsi non seulement prévoir l'avenir, mais aussi l'organiser. Pour ce faire, il doit surmonter les pièges du temps, en premier lieu le caractère temporaire des actions humaines et la nature périssable de leur héritage. La première chose que demande l'empereur germanique et roi de Sicile Frédéric II au philosophe arabe Ibn Sab'în dans les années 1240 est de lui démontrer l'éternité du monde pour être sûr d'y inscrire son action politique, bien au-delà de sa propre vie. Les institutions, politiques et administratives, incarnent cette permanence de la puissance d'agir du politique. Leur lent enracinement est permis, au Moyen Âge, par le grand mouvement scholastique de réévaluation du temps qui distingue trois temporalités : *tempus*, le temps instable de la contingence humaine, *aeternitas*, l'éternité du divin, et *aevus*, une temporalité intermédiaire introduisant la longue durée dans l'histoire des hommes. En sécularisant cette continuité chrétienne, les juristes médiévaux ont formalisé une nouvelle catégorie de personne morale, ni mortelle, ni immortelle, qui prend forme dans les corporations et, surtout, dans la notion d'État, résumée par l'adage : « Le roi ne meurt jamais. » Par l'intermédiaire de ce corps politique, fiction d'éternité, la gestion du temps long s'infiltre dans la technique quotidienne de l'administration publique : le caractère extraordinaire de l'imposition fait désormais place à une fiscalité annuelle, la permanence des ambassades est introduite vers 1300… Instrument perpétuel au service du souverain, l'État, mû par une nouvelle forme de rationalité, peut servir de pont entre le passé, le présent et le futur et agir sur ces trois dimensions pour en assurer la cohérence. Comme le souligne l'un des premiers théoriciens de l'État moderne, Thomas Hobbes, dans le *Léviathan*, l'État est à la fois un instrument de conquête de l'espace et de maîtrise du temps. Sans lui, « il n'y a aucune connaissance de la surface de la terre, aucune mesure du temps[13] ».

L'État moderne s'est ainsi inscrit dans une double fonction de prévision et d'organisation du long terme, avec la création d'instruments de connaissance et de calcul de l'avenir permettant, *in fine*, de planifier celui-ci. Cette ambition de maîtriser l'avenir par la raison, qui est déjà palpable chez les penseurs des Lumières comme Condorcet, a abouti à l'essor de la prospective entre les deux guerres mondiales aux États-Unis, dans le sillage du *New Deal* de Roosevelt, puis en France, dans l'immédiat après-guerre, où la planification a pris une dimension structurante avec la nécessité de la reconstruction. Dans l'esprit de ses concepteurs et théoriciens, le Plan est une façon volontariste de tracer une orientation générale et traduit en actes une ambition politique sur le temps long. La fameuse citation de Pierre Mendès France, « Gouverner c'est choisir », ne peut être abstraite de sa vision politique et sociale de la planification : « Parce que gouverner c'est choisir, le Plan est, avant tout, un acte ou une succession d'actes politiques[14]. » Il n'y a pas de séparation entre la volonté, le « choix » politique, et le prolongement temporel de cette ambition à travers la structure administrative du Plan, sur laquelle je reviendrai plus longuement pour en examiner à la fois les limites et l'actualité.

La longue histoire du politique et de la formation de l'État moderne, trop rapidement esquissée, peut donc s'identifier à une grande « lutte avec le temps[15] ». Nous l'avions oublié, mais la légitimité historique de nos dirigeants et la stabilité de nos institutions tiennent largement à la capacité que nous leur attribuons de gouverner l'avenir, c'est-à-dire de fixer un cap et déployer une action cohérente sur le temps long. Prendre la crise actuelle du politique sous l'angle de sa difficulté croissante à se projeter à long terme ouvre des perspectives d'analyse nouvelles. Nous nous rendons compte de notre erreur. Nous pensions avoir définitivement domestiqué le temps en combinant la force des grands récits idéologiques de l'avenir, la permanence des institutions et les instruments modernes de calcul du long terme. Cette certitude vole aujourd'hui en éclats. Le temps apprivoisé, sous le triple mouvement de la disparition du passé, de la dictature du présent et de la crise de l'avenir, s'est libéré de ses liens pour, selon le mot du poète latin Ovide, revenir « dévorer » les hommes*. Pour espérer le remettre en cage, il faut d'abord explorer en détail les trois crises du temps qui, en perturbant notre boussole politique comme un champ magnétique, nous laissent désemparés sur la mer capricieuse de l'interrègne.

La disparition du passé

Le « grand déboussolement » se manifeste d'abord dans la confusion croissante présente dans notre rapport collectif au passé. Nous vivons une rupture lourde de conséquences dans le continuum du temps, déjà analysée comme une pathologie démocratique par Tocqueville : « Le passé n'éclairant plus l'avenir, l'esprit marche dans les ténèbres[16]. » Le rapport au passé est ainsi une dimension essentielle de notre capacité à nous projeter dans l'avenir, qui dépasse de beaucoup l'opposition traditionnelle entre conservatisme et progressisme, tradition et modernité. L'autorité du passé et la permanence de certains invariants fondent ensemble une « identité » collective, c'est-à-dire la dimension subjective de l'institution de la société – les rites, les symboles, les mythes, les rêves partagés – dont l'intériorisation sert de principe unificateur à toute organisation politique. Lorsque l'historien Pierre Nora explore les « lieux de mémoire[17] » réels – le palais Bourbon, le front de mer français, Lascaux – ou symboliques – la « Marseillaise », le Tour de France, le peuple –, il matérialise les références d'un passé refuge qui nous permet de savoir

* « *Tempus edax rerum* » : le temps dévore toute chose.

d'où nous venons et d'affronter plus sereinement l'indétermination de l'avenir. Aucune identité n'est figée, immuable ou exclusive, surtout pas l'identité française. Selon la belle expression de la rabbine et philosophe Delphine Horvilleur, une identité est un « héritage constamment dépoussiéré[18] ». Mais en peignant le passé et la somme d'« idées fixes » qu'il charrie comme forcément traumatique, criminel ou *a minima* suspect, la postmodernité et sa manifestation la plus radicale, la « cancel culture », ont pour effet corrosif de priver de fondement commun notre conception du temps. Force est de constater que faire table rase du passé s'est révélé une stratégie perdante pour se projeter collectivement dans l'avenir.

En Occident, cette disparition progressive du passé comme force politique a notamment trait à la crise de l'organisation collective qui a permis d'incarner avec le plus grand succès historique la dimension intergénérationnelle du politique : la Nation. Ernest Renan affirmait déjà que la Nation était, presque par définition, un principe de transmission collective par-delà le temps, entre « un héritage de gloire et de regrets à partager », un « consentement actuel » et un « même programme à réaliser ». La Nation est, en somme, une géographie et un récit : un espace-temps. Pour orienter ce collectif, l'État-nation a constitué une forme politique efficace pour construire de l'avenir à partir d'un passé commun, malgré et par-delà les grandes césures historiques. Le général de Gaulle, souvent cité comme exemple d'un chef visionnaire voire prophétique[19], inscrivait ainsi en permanence son action et sa stratégie dans un récit national (« Vieille France, accablée d'Histoire [...] mais redressée, de siècle en siècle, par le génie du renouveau[20] ! »). Bien que la Nation s'obstine à ne pas mourir, l'érosion de cette forme politique extraordinairement efficace pour forger, sur la base d'un héritage historique, institutionnel et culturel commun, une vision partagée de l'avenir remet en question notre rapport collectif au temps. Pour le gouvernant d'aujourd'hui, ce constat s'incarne dans une question lancinante : un projet politique mobilisateur est-il encore possible dans un contexte de délitement de la Nation ? Dans quel(s) passé(s) puiser la force d'une renaissance ? Loin de constituer un combat d'arrière-garde, renouer le fil de ce que l'on a improprement appelé en France le « récit » ou le « roman » national, de façon suffisamment inclusive et « dépoussiérée » pour en conserver la dimension unificatrice, est un grand projet politique. L'éducation est au cœur de cette bataille contre l'amnésie collective qui dissout la possibilité même de la Nation : plus de la moitié des jeunes Français nés entre 1999 et 2007 ne savent pas dater la Révolution française et plus d'un tiers d'entre eux ignorent ce qu'est la Shoah[21]. Il n'y a pas de cause plus décisive pour l'avenir du pays que de réconcilier sa jeunesse avec son histoire et de surmonter une crise de la transmission qui n'est, comme toujours, que le reflet d'une profonde crise de société, comme le pressentait déjà Charles Péguy : « Quand une société ne peut pas enseigner, c'est que cette société ne peut pas s'enseigner ; c'est qu'elle a honte, c'est qu'elle a peur de s'enseigner elle-même ; pour toute humanité au fond, enseigner c'est s'enseigner ; une société qui n'enseigne pas c'est une société qui ne s'aime pas, qui ne s'estime pas, et tel est précisément le cas de la société moderne[22]. »

La réhabilitation du passé comme fondement d'un avenir collectif possible est donc une nécessité. C'est également valable pour l'art de gouverner. Le passé, en ce qu'il recèle une dimension essentielle d'enseignements et d'expérience permettant, comme le soulignait déjà Thucydide, d'inspirer les dirigeants politiques, constitue pour les décideurs un « trésor » qui permet de « voir clair[23] » dans l'avenir. Les grands hommes d'État que l'on qualifierait aujourd'hui volontiers de visionnaires ont tous souligné l'importance de la discipline historique dans leur construction intellectuelle et politique : « Étudiez l'Histoire, étudiez l'Histoire », répétait Churchill à des étudiants l'interrogeant sur la meilleure façon de devenir un grand politique : « C'est dans l'Histoire que réside le secret de l'art de gouverner[24] ! » Cette importance de l'« Histoire appliquée », notamment inspirée de l'ouvrage de Richard E. Neustadt et Ernest R. May publié en 1988, *Thinking in Time*[25], est extrêmement présente dans la tradition politique anglo-saxonne, les présidents américains ayant pour habitude de s'entourer d'un ou plusieurs « historiens officiels », notamment dans la conduite de leur politique étrangère : George F. Kennan pour Harry Truman, Arthur M. Schlesinger pour John. F. Kennedy ou encore Henry Kissinger pour Richard Nixon sont les exemples les plus connus de cette pratique. La création d'un comité des historiens de la Maison-Blanche est périodiquement mise sur la table comme une façon d'éviter de répéter les erreurs de politique étrangère et de mieux comprendre les dynamiques historiques à l'œuvre dans les bouleversements du monde. Cette dimension stratégique de l'Histoire est également présente au Royaume-Uni, où c'est un historien, John Bew, qui a été chargé par le Premier ministre Boris Johnson de piloter la conception de la stratégie post-Brexit, l'*Integrated Review*. Celui-ci, en poste au 10 Downing Street pendant cinq ans jusqu'en juillet 2024, me confiait que c'est parce que les historiens sont avant tout des « théoriciens du changement à travers le temps » que leur analyse est essentielle au déploiement d'une stratégie politique de long terme. Une leçon à retenir en France, pays traditionnellement gouverné par les juristes et les ingénieurs.

La dictature du présent

Le discrédit du passé comme source de légitimité et d'inspiration s'accompagne d'une survalorisation du présent dans notre existence collective. Ce constat n'est pas nouveau. Il a été fait, parfois depuis longtemps, par les théoriciens de la vitesse et les experts du temps. Mais les conséquences politiques du « présentisme » comme phénomène moteur de la vie de la cité, pour reprendre la notion popularisée par le grand historien français du temps, François Hartog, sont plus rarement étudiées. Elles sont pourtant au cœur du « grand déboussolement ».

La dictature du présent se manifeste en premier lieu, c'est une évidence, par la transformation de plus en plus rapide de l'arrière-plan de l'action politique, du fait, notamment, de l'intégration du cadre national à la mondialisation marchande et financière, des bouleversements technologiques et climatiques et de l'hétérogénéité grandissante des sociétés occidentales. Cette accélération des conditions mêmes de l'action, de ses déterminants les plus élémentaires, a pour conséquence de faire de l'urgence, de la crise, la temporalité de droit commun dans laquelle se déploie l'action politique. Depuis une vingtaine d'années, la succession de l'entrée dans l'ère du terrorisme global, de la crise financière de 2008, de la crise de la dette souveraine européenne entre 2011 et 2013, des attentats islamistes sur le sol français et européen à partir de 2015, de la crise de la Covid-19, de la guerre en Ukraine et de la crise de l'énergie à partir de 2022, avec en toile de fond, évidemment, le spectre global de la crise climatique, a fait entrer la France et l'Europe non seulement dans une *pratique* politique ininterrompue de gestion de crise, mais aussi dans des *régimes* économiques et juridiques d'exception qui se sont peu à peu banalisés. L'état d'urgence, décrété pour la première fois sur l'ensemble du territoire français depuis la guerre d'Algérie en novembre 2015[26], a été prolongé six fois jusqu'en novembre 2017, avant que la loi « sécurité intérieure et lutte contre le terrorisme » intègre dans le droit commun notamment les mesures individuelles de contrôle administratif et de surveillance qu'il prévoit. L'état d'urgence sanitaire a été mis en place par la loi du 23 mars 2020 pour faire face à l'épidémie de Covid-19 et a été abrogé au 1er août 2022. Un enfant né en 2015 en France a ainsi passé plus de la moitié de sa vie sous un régime juridique d'exception. Quant à la politique économique de l'État, elle oscille régulièrement entre plans de sauvetage, « mesures d'urgence économique et sociale[27] », plans de relance… Comme le souligne l'intellectuel et ancien conseiller politique Gilles Finchelstein dans *La Dictature de l'urgence* : « L'urgence est devenue la norme après avoir été l'exception[28]. » La gestion du présent s'est installée, *de facto*, comme une nouvelle forme de gouvernementalité.

Si les conditions mêmes de l'action publique s'accélèrent, celle-ci trouve un autre aiguillon dans les dérives d'une ère d'hyper-communication politique qui prend de la vitesse. Pour exister politiquement, la règle absolue du nouveau jeu médiatico-politique est devenue de « créer l'événement », de « dévoiler une annonce » et de « réagir à l'actualité ». Cette modification du rythme de la vie démocratique, inédite par son intensité, n'est pas qu'un problème de forme ou de tempo. La structuration du débat public par les chaînes d'information en continu et les réseaux sociaux, mais aussi la compétition des personnalités publiques pour se faire une place dans les grands titres de presse ou les matinales, ont une véritable incidence de fond sur l'action publique. Pour améliorer leur notoriété et leur image sur le marché des personnalités politiques, les hommes et femmes politiques sont structurellement incités à raisonner, dire et construire leur action en fonction de coups médiatiques par définition impressionnistes et clivants, sans véritable vue d'ensemble ni constance dans l'effort. Peu importe le résultat dans la réalité pourvu que l'effet médiatique recherché soit atteint. On peut aujourd'hui se créer une stature politique sans avoir mis en œuvre la moindre vision politique dans la durée. Plus grave, l'hyper-valorisation du présent médiatique dévalorise l'action invisible – difficile, par définition –, de longue haleine, qui fait les grandes réformes démocratiques. En un mot, le système médiatique actuel déprécie la valeur politique du temps long. Je reviendrai sur ce thème lorsque j'analyserai les racines du populisme dans son rapport pathologique au présent.

Ce tempo de l'urgence permanente a deux conséquences paradoxales sur l'art de gouverner contemporain. D'abord, il fait entrer le politique dans une logique d'éternel recommencement, voire d'immobilisme ou de surplace d'autant plus paradoxale qu'elle s'inscrit dans un contexte général de mouvement et de vitesse. Les lois et les « séquences » gouvernementales se suivent et se ressemblent au gré de la crise perpétuelle de l'hôpital ou des services publics, de l'actualité, de l'émotion ou des exigences de la communication politique. Le projet de loi « asile et immigration » présenté par le gouvernement français en juillet 2023 a été par exemple le vingt-neuvième texte législatif sur le sujet migratoire en France depuis 1980. À l'heure où j'écris ces lignes, un trentième projet est sur la table, moins de dix-huit mois après l'adoption du précédent. On peut pourtant douter que cette noria de textes ait apporté une réponse tangible aux défis démographiques et d'intégration auxquels la France est confrontée. Face à l'instabilité croissante du monde, le réflexe de survie du politique se présente ainsi comme une alternative de l'impuissance : soit préserver ou conserver le présent, qui acquiert alors une valeur en soi – ce sont les politiques de la précaution et de la protection ; soit entériner le présent comme changement, se borner à *enregistrer* un « air du temps » sans manifestation ou résistance de la volonté générale. Dans les deux cas, le présent déchaîné, insaisissable et pourtant omniprésent, dicte sa loi à une sphère politique dont la légitimité consistait pourtant à le maîtriser.

Si la dictature du présent bouleverse l'art de gouverner et la figure du chef, elle ronge également les piliers mêmes sur lesquels le consensus démocratique s'est formé au cours du XIXe siècle. Les causes du court-termisme démocratique sont bien connues depuis Tocqueville : porosité du système politique aux variations et aux émotions de l'opinion, aggravée aujourd'hui par l'importance des réseaux sociaux et l'omniprésence des sondages, priorité structurelle donnée aux exigences des électeurs d'aujourd'hui sur ceux de demain, contamination de la figure du citoyen par celle du consommateur… L'accusation de « myopie politique » est un lieu commun de la critique de la démocratie.

Force est de constater, toutefois, que cette tendance naturelle du système démocratique au court-termisme était autrefois maîtrisée et canalisée par des éléments de permanence, c'est-à-dire des institutions, des pratiques et une éthique qui permettaient d'assurer à la fois la cohérence des politiques menées et un arbitrage entre les exigences du présent et celles du futur. Or, il est clair que ces éléments de permanence démocratique sont également battus en brèche par la dictature du présent. En somme, l'accélération politique que nous vivons est, aussi, une « accélération des institutions » démocratiques, alors que ces dernières étaient les garantes, dans un régime d'opinion, de la projection de la collectivité dans la durée. Cela apparaît clairement dans le positionnement de l'exécutif, où le président de la République, censé incarner le temps long, a vu son mandat réduit de deux ans suite à l'instauration du quinquennat et s'est mêlé, dans sa pratique du pouvoir, de gouverner au lieu de présider. Le Parlement est, plus encore, soumis à cette dictature du court terme : le temps parlementaire de droit commun est devenu un temps d'urgence. La « procédure accélérée », autrefois exceptionnelle (10 % des textes adoptés entre 1958 et 1968 l'ont été par la procédure d'urgence) est devenue la règle (ce taux atteint 62 % des textes définitivement adoptés sous la XVe législature, qui couvre le premier quinquennat d'Emmanuel Macron). Cette accélération démocratique concerne petites comme grandes réformes : lors des vœux présidentiels du 31 décembre 2022, Emmanuel Macron a annoncé le lancement d'une nouvelle réforme des retraites en fixant son entrée en application « dès la fin de l'été ». À l'inverse, pour prendre un exemple connu de tous les Français, la loi de séparation des Églises et de l'État a fait l'objet d'une gestation de plus de deux ans, la commission Buisson-Briand débutant ses travaux le 24 juin 1903 pour une loi adoptée le 9 décembre 1905. Une telle durée de maturation législative est aujourd'hui inconcevable. Elle est pourtant la marque des grandes lois fondatrices, à l'empreinte durable sur la République et l'identité du pays. Je reviendrai plus en détail sur les réformes qui pourraient contribuer à rendre de la profondeur de champ et du temps de délibération à notre vie démocratique.

La crise de l'avenir

Il faut terminer cette peinture du « grand déboussolement » contemporain par la crise de notre rapport au futur, qui en est peut-être le symptôme le plus sérieux et le plus récent. Cette crise peut sans doute s'envisager comme une sortie douloureuse de l'âge des grandes idéologies, prenant la forme de ce que le philosophe allemand Jürgen Habermas appelle l'« épuisement des énergies utopiques[29] ». Les idéologies du XXe siècle étaient structurées autour d'un discours de légitimation du politique et de compréhension de l'action humaine tout entier tourné vers l'avenir comme puissance instituante de la société : c'était dans l'avenir maîtrisé, cadencé, rythmé que résidait l'accomplissement du destin collectif. Les séquences historiques du marxisme, qui fait succéder à la révolution socialiste la dictature du prolétariat puis l'abolition de l'État et l'avènement de la société communiste, sont symptomatiques de cette prétention des grandes idéologies à façonner le devenir humain. Peu importe, comme le déclarait le manifeste du Parti communiste, que « tout ce qui avait solidité et permanence s'en aille en fumée » : l'action politique devait s'inscrire dans un nouveau récit du temps et du monde, résolument orienté vers l'avenir, qu'elle contribuait à instituer. En un mot, elle trouvait dans l'avenir un but, une fin autre qu'elle-même, clairement identifiée, qui lui donnait à la fois sens et autorité. Il serait tentant, mais sans doute trop court, d'affirmer que ces grands récits de l'avenir et leurs ambitions prédictives se sont fracassés dans les échecs de leurs réalisations politiques concrètes et leur dévoiement dans les totalitarismes. La fin des idéologies, qui a rendu l'avenir « infigurable », a des causes plus profondes, qui ont trait au rapport de la modernité au temps et à la structure même du système démocratique.

La sortie des idéologies peut ainsi s'analyser comme le résultat final du mouvement de laïcisation des sociétés occidentales et de rupture avec la teneur religieuse de notre rapport au temps[30]. Les grandes idéologies politiques étaient encore religieuses car elles inscrivaient leur récit de l'avenir dans une temporalité issue du cadre de pensée des grands monothéismes, c'est-à-dire un changement inscrit dans une histoire, dans une attente « eschatologique » d'un nouvel ordre politique et social constituant l'horizon du progrès. Or, la politique moderne semble avoir renoncé à toute représentation arrêtée de l'avenir pour s'abîmer dans le changement valorisé pour lui-même, autonomisé de ses fins. D'où cette inversion des rôles : alors que le politique tirait son autorité des représentations de l'avenir qu'il définissait pour orienter l'action collective, c'est désormais la société démocratique, s'auto-instituant dans le changement, qui impose son rythme au politique. L'un des symptômes de la démission du politique à tracer une vision de l'avenir s'incarne dans la crise des instruments qui permettent, en démocratie, d'élaborer un cadre doctrinal partagé et une vision commune de l'avenir, au premier chef les partis et les programmes politiques. Pierre Mendès France, déjà, estimait que c'est « parce que les partis ont souvent oublié dans le passé leurs idéologies et leurs programmes – ou les ont sacrifiés à des fins immédiates – [qu']ils sont aujourd'hui dévalorisés ou même discrédités. C'est ce qu'on appelle la crise des partis[31] ». La prolifération des « mouvements » politiques – appellation qui illustre parfaitement l'irruption du changement comme valeur politique en soi – à la faible densité idéologique et à la base militante fragile sont une manifestation contemporaine de cette « crise des partis », tout comme la dévalorisation de l'exercice programmatique, qui apparaît un peu plus à chaque nouvelle élection comme une énumération convenue de mesures catégorielles sans vision globale.

Hasard du calendrier, la sortie de l'âge des idéologies est concomitante de la prise de conscience par l'humanité qu'elle est entrée dans l'âge de l'Anthropocène. En d'autres termes, c'est au moment où les grands récits de l'avenir disparaissent que nous apprenons que nos actions collectives ont une influence sur l'habitabilité du monde pour les mille prochaines années. Ce paradoxe est au cœur du « grand déboussolement » : si nous nous trouvons désarmés intellectuellement pour penser l'avenir du temps humain, quel désarroi au moment où nous devons arrimer le politique au temps de la Terre ! Face au changement climatique, nous faisons le constat que le roi est nu. Que la possibilité même du politique comme déploiement de la volonté humaine dans l'espace et le temps est en question. Comme le relèvent les historiens du climat Christophe Bonneuil et Jean-Baptiste Fressoz : « Que peut-il rester de politique à l'échelle géologique dans laquelle nous convoque l'Anthropocène[32] ? » Dans cette configuration, des philosophies alternatives tentent de penser le long terme, sans le politique. C'est le cas par exemple du « long-termisme », mouvement éthique popularisé par l'ouvrage du Britannique William MacAskill, *What We Owe the Future*[33]. Très populaire dans les milieux libertariens de la Silicon Valley, il part du principe que les individus du présent sont des « anciens », des êtres vivant au tout début de l'histoire du monde dont toutes les décisions auront potentiellement des répercussions désastreuses sur les générations futures. Centré sur une dimension morale et individuelle, le « long-termisme » a trouvé sa plus grande résonance outre-Atlantique dans les débats sur la bienfaisance et les stratégies de financement des fondations philanthropiques, comme l'Open Philanthropy et le Future Fund, mais aussi chez des personnalités comme l'entrepreneur américain Elon Musk. Cet exemple résonne comme une alerte : si le souverain ne se saisit pas du futur, d'autres le feront à sa place.

La disparition du passé, la dictature du présent et l'incapacité du politique à concevoir des grands récits d'avenir à l'ère de la fin des idéologies et de l'Anthropocène sont elles un phénomène temporaire ou constituent-elles un nouveau régime permanent de gouvernementalité ? Dans le premier cas, nous serions englués dans une simple « crise du politique », un « interrègne » temporaire avant que le pouvoir ne s'empare à nouveau de l'avenir pour en commander les attentes. Dans le second, il nous faudrait faire le deuil des grands projets collectifs mobilisateurs pour cantonner le rôle du politique à celui de simple gestionnaire d'un changement qui lui est désormais extérieur. Cette alternative est lourde de conséquences : elle porte en germe l'arrêt de mort du politique comme expression de la volonté des hommes, c'est-à-dire de la notion même de souveraineté. Affronter le « grand déboussolement », c'est faire le pari que la crise de nos outils intellectuels et institutionnels pour penser l'avenir peut être surmontée. Que notre façon de penser et de pratiquer la politique peut être reconfigurée pour renouer les fils distendus du temps. Qu'il est encore possible de gouverner l'avenir. Dans les brumes du royaume de Danemark, Hamlet fait le constat que le temps est désarticulé, disloqué : « *The time is out of joint* », et se donne pour mission de le remettre à l'endroit : « *I was born to set it right!* » Ce livre est une contribution à la grande querelle shakespearienne avec un temps politique plus que jamais hors de ses gonds. Il commence par le commencement : notre vie démocratique et nos institutions. En organisant la collectivité humaine dans la durée, ce sont elles qui déterminent largement, pour le meilleur et pour le pire, notre capacité à construire une vision politique et à définir une stratégie collective.

CHAPITRE II

Construire une démocratie du temps long

« La loi fondamentale de notre démocratie
doit permettre aux responsables
d'assurer une balance : d'une part, les aspirations
des hommes et des femmes du temps présent,
de l'autre, l'avenir. La République
doit imposer des choix. »

Michel Debré, *Mémoires*, t. II

La démocratie est-elle condamnée au court-termisme ? Il fait peu de doute que les régimes démocratiques donnent chaque jour de nouvelles preuves de leur préférence pour le présent. Cette tendance était déjà perçue par les pères de la démocratie française comme Condorcet, qui dénonçait les périls de la « démocratie immédiate[1] ». Elle se traduit à la fois par une incapacité croissante à définir une stratégie ouvrant les voies d'un avenir désirable et l'accumulation de différentes formes de dettes, c'est-à-dire la mobilisation au présent des ressources de la collectivité au détriment des générations futures[2]. Myopie et prédation, tels sont les symptômes du court-termisme démocratique.

Ces pathologies, qui émergent avec force aujourd'hui, sont passées pendant longtemps au second plan de la grande aventure démocratique. Celle-ci avait pour objet principal de régler les deux grandes questions politiques nées avec le siècle des Lumières et la chute de la monarchie absolue, simples dans leur énoncé mais redoutablement complexes dans leur résolution : d'une part, définir les modes d'expression de la souveraineté populaire et de représentation de la volonté générale et, d'autre part, garantir les libertés, c'est-à-dire assurer l'équilibre des pouvoirs. Logiquement, la question du rapport de la démocratie au temps long a émergé, dans les débats révolutionnaires, essentiellement en lien avec ces deux problèmes constitutifs de l'expérience démocratique. Penser le temps de la souveraineté, d'abord : il s'agissait, avec le choix d'une constitution écrite, avec la limitation du recours au pouvoir constituant et l'instauration de la représentation nationale, d'assumer la fiction monarchique de la permanence du souverain, de la « Nation qui reste ». Régler le temps du fonctionnement des pouvoirs, ensuite : il s'agissait avant tout de se prémunir contre la dictature court-termiste d'une assemblée unique en pensant l'articulation entre les pouvoirs législatif et exécutif, voire la constitution d'un tiers pouvoir régulateur chargé de « ralentir le pouvoir de législation » et de permettre à l'Assemblée nationale de revenir sur des choix précipités[3]. Permanence (du souverain) et lenteur (de la délibération) sont donc les temporalités originelles de la démocratie, aujourd'hui bousculées par la discontinuité et l'urgence du « grand déboussolement ».

Le rapport du processus démocratique au long terme a donc été longtemps secondaire face à la nécessité première de représenter la souveraineté et de garantir la liberté. Pourtant, il connaît une actualité nouvelle avec la crise que traverse aujourd'hui la Vᵉ République. Plus que toute autre expérience démocratique en France, la Vᵉ République a été pensée par ses concepteurs comme un régime capable d'assurer le déploiement d'une politique dans la durée – la « politique de grandeur » du général de Gaulle – et d'assumer des choix. La Vᵉ République est en cela tout autant fille de 1940 (le président du Conseil et le chef de l'État n'ayant, alors, pas eu l'autorité pour imposer la poursuite du combat aux partisans de l'armistice) que de 1958 (le régime des partis tombant, après dix-huit combinaisons gouvernementales de 1946 à 1958, faute d'avoir su définir une stratégie coloniale cohérente). À l'instabilité de la IVᵉ République succède donc un régime où la personne du président de la République est le garant de la continuité de l'État (article 5 de la Constitution) et détermine les grandes orientations de la politique nationale, quand le Premier ministre conduit l'application de cette politique. Quant au Parlement, sa « rationalisation » procède d'une obsession : imposer la stabilité du Gouvernement et l'empêcher d'entraver le déploiement de sa politique dans la durée.

La double victoire gaulliste de 1962 – au référendum instituant l'élection au suffrage universel du président de la République, et aux élections législatives qui suivirent la dissolution de l'Assemblée nationale –, en liant la légitimité du Président et celle de la majorité parlementaire, synchronise en réalité le temps du chef de l'État et le temps du Gouvernement et ouvre logiquement la porte à l'instauration du quinquennat, imaginé dès l'époque de Georges Pompidou et concrétisé par Jacques Chirac. La crise que nous traversons aujourd'hui est l'aboutissement logique d'une lente altération du rythme originel de la Ve République, entamée par le général de Gaulle lui-même. La Ve République se grippe ainsi par là où elle a triomphé : elle était le régime de la stabilité, elle apparaît plus instable que jamais ; le président de la République était le garant du temps long, il est aujourd'hui condamné à organiser lui-même d'éphémères combinaisons parlementaires ; le Parlement était stabilisé par le fait majoritaire, il est désormais le fidèle reflet de l'émiettement du paysage politique français ; l'élection présidentielle devait conférer à une vision politique de l'avenir la légitimité ultime du suffrage universel, elle a rendu les programmes secondaires et inhibé les coalitions de projet.

L'historien Nicolas Rousselier, dans son livre de référence sur le pouvoir exécutif en France, résume ainsi le diagnostic d'affaiblissement de la Ve République :

> L'autorité et l'efficacité attendues ne sont plus au rendez-vous. La France se trouve à cumuler le défaut d'un régime à dimension parlementaire très affaiblie (le régime de la discussion est réduit à peu de chose) et d'un régime où la dimension exécutive n'est plus aussi forte qu'autrefois et de moins en moins à la hauteur de la mission qu'on lui avait confiée. Elle cumule déficit démocratique et déficit d'efficacité, une situation que l'expérience républicaine des années 1870-1950 n'avait pas vraiment connue, sauf peut-être entre 1938 et 1940[4].

Ce constat appelle la création de nouvelles synthèses institutionnelles permettant d'associer l'extraordinaire efficacité exécutive de la Ve République avec une revalorisation de la lenteur et de la maturation politique issue du débat parlementaire. En se gardant d'un écueil intellectuel : à trop se focaliser sur les deux questions classiques que sont la *représentation* de la souveraineté (ce qu'ont tendance à faire, pour des raisons différentes, les tenants du scrutin proportionnel ou de la démocratie participative) et l'*équilibre des pouvoirs* (ce qui a conduit à plusieurs réformes constitutionnelles en France, notamment en 2008, visant à renforcer les pouvoirs du Parlement et à modifier les équilibres institutionnels à son profit), on perd vite de vue que les réformes institutionnelles devraient, d'abord, s'attacher à donner à la République une véritable solution de gouvernement. Ni la représentation populaire, ni l'équilibre des pouvoirs ne sont des questions légères, mais elles apparaissent aujourd'hui secondaires dans une démocratie mature confrontée à un monde dangereux et à des défis majeurs : construire une architecture démocratique capable de projeter le pays dans le temps long et de mettre en œuvre une politique dans la durée devrait être la préoccupation principale des futurs constituants.

La France a la passion du débat institutionnel. Mais les questions institutionnelles n'expliquent pas à elles seules l'intranquillité démocratique et la crise d'efficacité politique que traverse notre pays. L'une des causes profondes de ce malaise se joue *en dehors* des institutions, dans l'écosystème des partis politiques, le processus d'élaboration de leurs programmes, leurs jeux d'alliance et de compromis, qui permettent, dans une société démocratique, de structurer l'opinion et de faire émerger des lignes de force idéologiques capables d'éclairer l'avenir. Cet « en dehors des institutions » demeure trop souvent un impensé de la réflexion sur le malaise démocratique français. Pourtant, sans ces processus de structuration de la volonté nationale, l'opinion, qui « n'a aucune vocation à totaliser ses réponses en une image cohérente », demeure « le contraire d'un pouvoir proprement politique, en charge par essence de dispenser une vision globale de la société et de son devenir[5] ». L'absence de structuration de la vie nationale par de puissants courants d'idées et de pensée donne ainsi lieu à une double fragmentation politique : fragmentation du paysage partisan, émietté en formations de plus en plus nombreuses à l'identité politique de moins en moins marquée ; fragmentation de l'opinion, polarisée, atomisée, pour laquelle la tentation est chaque jour plus grande de se donner aux démagogues. Le résultat de cet éclatement de la vie politique nationale en amont des institutions se retrouve en aval dans la situation d'instabilité politique que nous connaissons aujourd'hui. Face à ce constat, un grand chantier démocratique réside dans la reconstruction d'un terreau social propice à la production de visions de long terme, construites et débattues largement dans la société, validées par le suffrage et mises en œuvre par des forces politiques intéressées à leur réussite. Rousseau estimait que, comme l'Homme, le corps politique a deux puissances : la volonté et l'action. L'enjeu est aujourd'hui de formaliser à nouveau une volonté démocratique claire, condition indispensable d'une action qui se déploie, sinon, sans boussole. Pour cela, il s'agit de réhabiliter des acteurs souvent conspués mais qui sont pourtant essentiels à cette structuration politique de la société : les partis politiques.

Partis et programmes politiques : de la courte vue aux visions de long terme

Il peut sembler curieux de traiter des partis politiques dans un propos sur le temps long en démocratie. C'est un euphémisme : les partis politiques n'ont pas bonne presse, notamment en France. Pourtant, ils ont largement contribué à la stabilisation démocratique des pays occidentaux après la Seconde Guerre mondiale en structurant idéologiquement le paysage politique et en proposant aux électeurs des options programmatiques clairement identifiées. Durant les Trente Glorieuses, la plupart des pays occidentaux présentent ainsi une organisation partisane polarisée autour de grands partis de gouvernement, en général l'un d'inspiration libérale-conservatrice, l'autre d'inspiration sociale-démocrate, sans oublier l'existence de partis communistes forts dans certains d'entre eux comme la France ou l'Italie. Les années 1980 signent le début de l'effondrement militant et idéologique des formations politiques européennes : en France et au Royaume-Uni, les partis politiques ont perdu de l'ordre d'un million de militants entre 1979 et 2012, ce qui représente une chute de 66 % du total des militants au Royaume-Uni et 56 % en France. Dans notre pays, ce phénomène est aggravé par l'esprit fondateur du régime de la Ve République, pensé par le général de Gaulle et construit par Michel Debré contre le « régime des partis » incarné par la IVe République. Une méfiance instinctive à l'égard des partis politiques irrigue la culture politique française récente. Malgré cette hostilité, il faut noter que les rédacteurs de la Constitution de la Ve République ont pris soin de préciser, à son article 4, que « les partis et groupements politiques concourent à l'expression du suffrage », notant par là leur importance dans la structuration du débat démocratique. Les termes utilisés à l'article 21 de la Constitution allemande sont encore plus parlants sur ce rôle décisif des partis : « Les partis concourent à la *formation de la volonté politique du peuple.* » Le général de Gaulle ne s'y est pas trompé en construisant lui-même une puissante force politique et militante, malgré son mépris des partis. À l'échelle de l'histoire de la Ve République, la situation actuelle d'absence de parti présidentiel dominant le paysage politique représente une anomalie qui explique en partie la crise politique des années 2020.

L'effondrement militant, financier et intellectuel des partis politiques, salué par certains comme l'arrêt de mort d'organisations anachroniques et dépassées, n'est pas une bonne nouvelle pour la démocratie. C'est même l'une des grandes fragilités de la Ve République : fondée sur la haine des partis, elle les a étouffés comme forces d'expression de la volonté populaire, au lieu d'essayer, comme le suggéraient certains hommes de gauche comme de droite (dont André Tardieu et Paul Reynaud), de les discipliner en les forçant à trouver des solutions de gouvernement. Les fondateurs de la Ve République et leurs continuateurs ont en cela perdu de vue que la vitalité des partis politiques est une condition intemporelle de la bonne structuration du débat démocratique. La situation de crise politique ininterrompue, issue de la dissolution de juin 2024, est ainsi un double cauchemar politique : non seulement nos institutions n'ont pas pu éviter le retour à une forme de régime des partis, mais ce sont des partis moribonds, évidés de leurs bases idéologiques et militantes donc livrés aux pures combinaisons personnelles, qui décident aujourd'hui du destin du pays.

Sans dénaturer la logique de la Ve République, retrouver de la profondeur de champ démocratique implique donc de renforcer la capacité des partis politiques à produire une vision de long terme et à livrer leur interprétation de l'intérêt national, présentées dans un programme, incarnées par des individus et proposées au suffrage. Comme le rappelle l'historien américain Joseph Nye, « les visions les plus fructueuses sont celles qui ont besoin d'un regroupement de gens pour être ensuite formulées et renforcées par leur leader[6] ». On peut rappeler – avec raison – l'échec de ces mêmes partis à devancer idéologiquement les grandes mutations du monde : la gauche française a gouverné avec un logiciel daté de l'ouverture de la France à la mondialisation, la fin de la guerre froide et les débuts du terrorisme global ; la droite française a, quant à elle, été incapable de réaliser son *aggiornamento* idéologique pour prendre en compte le défi climatique. On peut fustiger – avec raison – la déliquescence politique et morale d'organisations tout entières tournées vers les ambitions personnelles de quelques-uns et la conquête du pouvoir, tout en étant incapables de penser une stratégie pour l'exercer. Toutefois, leur réhabilitation comme forces structurantes du débat public et créatrices d'options de long terme apparaît aujourd'hui indispensable pour réarmer intellectuellement les démocraties. À condition de les réformer.

Car du fait de l'histoire administrative, politique et intellectuelle de notre pays, les partis politiques ne jouent pas, en France, le rôle de producteurs d'idées qui devrait être le leur. La raison en est simple : le monopole de l'intérêt général et de la définition d'une stratégie publique y est traditionnellement réservé à l'administration. Depuis 1945, la haute fonction publique se perçoit ainsi elle-même dans un rôle de « prêtrise du long terme », selon la célèbre formule de Simon Nora : elle dispose du monopole des structures de prévision, de prospective et de conception des politiques publiques, le Parlement et la société civile demeurant largement désarmés en la matière. Exemple de cette réalité, les programmes présidentiels sont presque systématiquement rédigés par un nombre restreint de hauts fonctionnaires rassemblés de façon informelle, le temps de la période électorale, autour du candidat. De la même manière, le mythe de l'intellectuel organique et engagé est encore présent dans l'imaginaire collectif, notamment à gauche, comme producteur d'idées et conseiller du Prince. Face à ces deux figures françaises, le haut fonctionnaire et l'intellectuel, les partis n'ont trouvé ni la légitimité ni, *a fortiori*, les moyens humains et financiers pour mettre sur pied des structures de prévision de l'avenir. Par défaut, ils sont devenus des appareils tout entiers tournés vers la conquête du pouvoir et les stratégies individuelles. Cette fragilité se ressent dans la qualité et la force d'entraînement des programmes politiques, de plus en plus limités à une courte liste de mesures catégorielles sans réelle vision globale de la société ni stratégie de mise en œuvre. On est loin du « programme commun » de la gauche qui avait agi, par adhésion ou détestation, comme un marqueur de l'opinion publique pendant presque dix ans. Ce décalage croissant entre l'atrophie politique et technique des programmes politiques présentés aux suffrages des Français et la complexité des défis à affronter par le pays est frappant. Les partis sont également largement coupés, à la différence de leurs homologues anglo-saxons, des think tanks, boîtes à idées et structures de réflexion abritant de nombreux chercheurs, dont l'indépendance souvent revendiquée en France limite fortement l'impact politique et administratif.

Force est de constater que la concentration, dans notre pays, de l'expertise et de l'ingénierie du long terme entre les mains de l'administration publique, qui s'est elle-même largement dévitalisée en la matière, a eu pour conséquence fâcheuse et imprévue d'anesthésier le débat public.

Remettre le sens du long terme dans le débat public impose donc de rompre avec ce modèle français et de donner aux partis politiques les moyens d'assurer leur fonction de formation de la volonté démocratique. D'autres pays ont choisi d'investir massivement dans leur infrastructure démocratique et ont fait émerger des acteurs dont le rôle est de penser l'avenir et de participer à la structuration de l'opinion. C'est le cas des grands think tanks anglo-saxons et des grandes fondations politiques allemandes (*politische Stiftungen*). Ces fondations, dont les premières sont nées sous la République de Weimar[7], sont affiliées idéologiquement aux principaux partis politiques du pays et bénéficient d'un important financement public leur permettant de développer à la fois une fonction puissante de recherche politique, un rôle d'animation du débat public et un réseau mondial rivalisant parfois avec celui du ministère des Affaires étrangères (la Fondation Konrad-Adenauer dispose par exemple d'une centaine de bureaux à l'étranger). Six fondations, affiliées aux six principaux partis allemands[8], animent ainsi le débat public outre-Rhin dans le cadre d'une véritable stratégie d'« éducation politique » (*politische Bildung*) de la population. En contrepartie, l'Allemagne investit massivement dans sa vie démocratique : en 2023, le budget fédéral attribué aux seules fondations politiques a atteint 697 millions d'euros, contre seulement 66,5 consacrés par la France au financement public de l'ensemble de ses partis politiques. Le modèle allemand avait intéressé Alain Juppé, alors Premier ministre, qui commanda en 1996 un rapport sur le sujet au sénateur de la Vendée Jacques Oudin, avec ce constat :

> On ne peut toutefois que constater le décalage qui existe encore entre notre pays et d'autres pays démocratiques, en ce qui concerne le nombre et le rayonnement des grandes fondations à vocation politique, associées de façon plus ou moins étroite à des mouvements politiques. Un tel retard mérite d'être analysé et éventuellement comblé pour donner à nos institutions politiques une audience renouvelée et des moyens de réflexion et d'action accrus et modernisés[9].

Ce travail avait abouti à une proposition de loi visant à créer des fondations démocratiques, tuée dans l'œuf par la dissolution de 1997. Si des structures de ce type existent bien en France (la Fondation Jean-Jaurès, proche du Parti socialiste, la Fondapol, proche de la droite de gouvernement…), leur lien avec les partis politiques s'est distendu et leur force de frappe apparaît dérisoire comparée à celle de leurs homologues allemandes ou anglo-saxonnes (la Fondation Konrad-Adenauer dispose d'un budget annuel de 220 millions d'euros en 2022, contre moins de 1,5 million pour la Fondapol). Il suffit de comparer les cent soixante-dix-sept pages du contrat de coalition « tricolore » de 2021 en Allemagne avec les programmes présentés au suffrage des électeurs français lors de l'élection présidentielle de 2022 pour se rendre compte du fossé qui sépare les deux rives du Rhin en matière d'ingénierie programmatique.

Une convergence avec le modèle allemand ou anglo-saxon en matière de structuration de la vie démocratique imposerait trois révolutions coperniciennes dans la vie politique française. D'une part, cesser de considérer que l'État a le monopole de la pensée de l'avenir conduit à un rapport nouveau de confiance avec les forces de la société civile : les partis politiques, les think tanks, les ONG, les syndicats sont des émetteurs légitimes de visions structurantes pour le débat public et ils peuvent être plus étroitement associés à la formulation de l'intérêt général. La France est depuis trop longtemps incapable de reconstruire de grands compromis économiques et sociaux entre l'État et les forces vives de la Nation. Ce sont pourtant les seuls qui durent. D'autre part, à l'ère des *fake news* et des manipulations de masse, l'infrastructure démocratique de notre pays est un « actif stratégique » dans lequel la Nation a le devoir d'investir. Sa structuration est une tâche noble et un véritable objet de politique publique, notamment en ce qui concerne l'« éducation politique et citoyenne » de l'opinion. En démocratie, assurer l'intégrité et la transparence du débat public est la première tâche régalienne de l'État, le fiasco de l'élection présidentielle roumaine de décembre 2024 résonnant à ce titre comme une alerte inquiétante. Enfin, une telle révolution supposerait nécessairement une politisation accrue de la haute administration, l'existence de fondations politiques puissantes impliquant souvent, à l'étranger, des phénomènes d'allers-retours entre la fonction publique et le monde politique. Préparer, en cas de défaite électorale, le programme d'avenir qui permettra de retrouver le chemin du pouvoir, puis le mettre en œuvre en responsabilité dans l'administration ne me semble pas un mauvais destin pour haut fonctionnaire. C'est à ce prix que le débat public français pourrait retrouver une profondeur de champ, susceptible de proposer au suffrage des électeurs une offre diversifiée de visions structurées et cohérentes de l'avenir de la Nation.

Retrouver le rythme des institutions

L'équilibre des pouvoirs, en démocratie, est une savante dynamique de forces. Les penseurs de la démocratie et les hommes d'État le savent : s'il est insuffisamment établi, un pouvoir sans contrepoids dégénère vers le despotisme au détriment des libertés individuelles ; poussé à l'extrême, les pouvoirs se neutralisent au détriment de la force de gouverner et de l'intérêt général. Trouver le bon équilibre a occupé plus de deux siècles de débats sur la démocratie et cette question continue d'alimenter les critiques de la Vᵉ République, souvent accusée d'hémiplégie au profit du pouvoir exécutif. Une dimension essentielle de cette question politique et juridique cruciale est toutefois souvent occultée : l'équilibre des pouvoirs est aussi une rythmique, une articulation de différentes formes de temporalité politique dont la préservation est au moins aussi essentielle que les jeux de poids et de contrepoids institutionnels. Le dérèglement de cette rythmique des pouvoirs est l'une des clefs de compréhension du « grand déboussolement » démocratique que nous connaissons.

En France, la rythmique des pouvoirs est multiple et complexe. Il existe, en théorie, une discordance des temps entre le pouvoir législatif et exécutif, le premier étant censé exercer le pouvoir de législation dans la lenteur de la délibération démocratique, le second exerçant l'action exécutive dans la temporalité plus immédiate de l'événement. Cette première arythmie, j'y reviendrai, a été largement brouillée par la contamination du temps parlementaire par le temps de l'urgence. Une autre rythmique existe au sein même des deux branches du pouvoir. Au sein du pouvoir législatif, le bicamérisme à la française a été pensé, notamment, comme un antidote au court-termisme supposé d'une assemblée unique. Comme l'affirmait Michel Debré lors de la rédaction de la Constitution de 1958 : « Le Sénat tempère les volontés trop neuves et trop vives, il relie la politique du présent à celle du passé et de l'avenir. » Au sein du pouvoir exécutif, la Ve République consacre une autre césure temporelle : celle qui existe au sein du couple exécutif entre le président de la République, garant des intérêts fondamentaux de la Nation sur le long terme, et le Premier ministre, en charge de conduire la politique de la Nation au jour le jour (ce qui n'exclut évidemment pas de se projeter dans le temps de la conception et de la planification des politiques publiques). Cette césure était originellement matérialisée par un mandat plus long du président de la République (le septennat[10]) face à une majorité parlementaire élue pour cinq ans. Présider et gouverner : deux rapports au temps, deux rythmes censés garantir à la démocratie, toujours tentée par l'immédiateté, la continuité avec le passé, la gestion du présent et la projection dans l'avenir.

Cette fiction n'existe plus. Notre Constitution, qui organisait cette subtile symphonie des temporalités, a subi, au fil de ses révisions, une grande compression du temps. L'élection du président de la République au suffrage universel direct, accueillie avec circonspection par l'architecte principal de la Constitution de la Ve République, Michel Debré, a jeté le chef de l'État dans l'arène politique. Comme le pressentait l'un des critiques les plus acérés du nouveau régime, Pierre Mendès France, cette novation a contribué à dévaloriser la place du débat d'idées dans la compétition démocratique en personnalisant la vie politique :

> Les citoyens qui élisent une assemblée votent pour des partis dont les doctrines sont connues, au moins quant à leur orientation générale, ils se prononcent sur des programmes, sur des propositions. Cependant, lorsqu'un homme est porté à la tête de l'État par le suffrage universel, c'est essentiellement sur sa personne qu'on vote [...] Encourager la Nation à croire que tout sera résolu sans son intervention, c'est donner aux aventuriers une chance inespérée, c'est les protéger de la seule puissance qui soit susceptible de les faire reculer, celle d'un peuple qui a choisi entre les solutions et les propositions politiques et qui entend les faire respecter[11].

La révision constitutionnelle du 2 octobre 2000 instituant le quinquennat et la synchronisation des calendriers électoraux entre élections présidentielle et législative ont achevé de faire du président de la République un « super-Premier ministre » chargé personnellement d'exécuter le programme présenté par lui au suffrage des électeurs. De clef de voûte du régime, de « maître des horloges », le président de la République est devenu, du fait de cet étonnant retournement, un obstacle à la projection du pays dans le temps long : son élection, centrée avant tout sur son équation personnelle, écrase un débat programmatique qui n'aura en réalité plus jamais lieu, les élections législatives n'étant plus qu'une simple prolongation de l'élection présidentielle. Élu sur son nom, il rend les partis politiques, pourtant indispensables à la structuration de la volonté nationale, inutiles ou presque à la conquête du pouvoir. La densité programmatique de l'élection présidentielle étant par construction réduite, le président élu n'a plus d'autre solution que d'inventer son mandat au présent. En un mot, de naviguer à vue.

Cette situation est aggravée par la recomposition en cours de la vie politique française autour de trois blocs, eux-mêmes divisés, et l'affaiblissement du fait majoritaire qui avait constitué la « divine surprise[12] » de la Ve République. Pour la première fois depuis l'instauration du quinquennat, en 2022, un président de la République n'a pas bénéficié d'une majorité absolue à l'issue des élections législatives. Le piège du quinquennat s'est refermé : prévu pour éviter une période de cohabitation, il a abouti à une situation de majorité relative au moins aussi inconfortable. La dissolution de juin 2024, censée conduire à une grande clarification, n'a fait que renforcer la fragmentation de l'Assemblée nationale et l'instabilité politique du régime, forçant le président de la République à œuvrer lui-même à la constitution d'une coalition fragile afin d'éviter le blocage institutionnel. Qu'en sera-t-il de l'avenir ? La Ve République se grippera-t-elle définitivement avec la multiplication de majorités introuvables dans la foulée de l'élection présidentielle ? L'abaissement de la fonction de président de la République serait consommé, le régime aurait définitivement changé de nature pour renouer avec le pire cauchemar du général de Gaulle : un nouveau régime des partis. Le retour en grâce depuis la dissolution de juin 2024 du mode de scrutin proportionnel, censé améliorer la représentation d'une opinion fragmentée, occulte une réalité claire : dans un système où l'élection présidentielle demeure la clef de voûte du régime et la force d'attraction de toutes les ambitions, il n'est rien d'autre que la garantie de la multiplication des combinaisons à courte vue des partis et du blocage institutionnel. Le retour de majorités écrasantes dans le cadre du quinquennat est-il plus souhaitable ? Il conduirait probablement à la poursuite de l'anesthésie du débat public par l'élection présidentielle, au renforcement de la polarisation de la vie politique française et à la multiplication d'impasses politiques aggravant le malaise démocratique.

Comment alors retrouver un rythme institutionnel de nature à conjurer cette alternative du court terme ? Une chose est sûre et largement partagée par les commentateurs et les acteurs de notre vie politique : il faut réintroduire dans notre système politique une arythmie nécessaire au débat d'idées et à la prise de hauteur présidentielle. La désynchronisation du temps législatif et du temps présidentiel est ainsi un impératif pour retrouver de la profondeur de champ. Le risque de cohabitation qu'elle induit pourrait, avec le recul, apparaître comme une situation institutionnelle moins préjudiciable aux intérêts nationaux que celle de la majorité relative. L'autre chantier pour remettre le long terme au cœur du régime consiste à dépersonnaliser la Ve République, tant l'élection présidentielle a relégué au second plan les programmes et les options d'avenir. Comme l'affirmait Pierre Mendès France : « Choisir un homme, fût-il le meilleur, au lieu de choisir une politique, c'est abdiquer[13]. »

Revenir sur l'élection au suffrage universel du président de la République, comme cela est parfois proposé, est irréaliste. En revanche, il ne faut pas sous-estimer l'impact qu'aurait l'instauration d'un septennat unique sur la nature de l'élection présidentielle et le rôle institutionnel du président de la République. Cette vieille proposition est la pire de toutes les réformes à l'exception de toutes les autres pour relancer sur des bases assainies la marche des pouvoirs, tout en conservant l'efficacité de la Ve République. L'exercice du pouvoir par l'exécutif mais aussi les relations entre pouvoirs exécutif et législatif s'en trouveraient profondément modifiés et régénérés. Sans perspective de réélection, la fonction de chef de l'État perdrait certes en pouvoir mais gagnerait en prestige. Le Président serait condamné à présider et non à gouverner. Paradoxalement, la réforme lui rendrait du temps utile de mandat : un septennat efficace est plus long qu'un premier quinquennat amputé d'une campagne de réélection, suivi d'un second quinquennat invariablement bloqué. Le rôle du Premier ministre en sortirait en outre renforcé : lors du cycle électoral, l'attention de l'opinion se tournerait puissamment vers la personnalité pressentie pour diriger le Gouvernement et capable de construire un véritable contrat de législature avec les différentes composantes de la future majorité. Ce retournement de l'attention populaire favoriserait la formation de « tickets » électoraux entre candidat à la présidentielle et Premier ministre potentiel, comme l'envisage (pour d'autres raisons) le roman de politique-fiction de l'ancien Premier ministre Édouard Philippe et de son ami Gilles Boyer, *Dans l'ombre*[14]. Il encouragerait également la recherche d'alliances programmatiques en amont des élections législatives, revitalisant le débat d'idées dans le cadre de l'élection présidentielle. Le centre de gravité de la démocratie française se déplacerait enfin davantage à Matignon et au Parlement, comme le souhaitait initialement Michel Debré, partisan d'un puissant Premier ministre à la britannique. Ce déplacement s'opèrerait de façon plus assumée, plus stable et plus utile au pays que la centralité parlementaire subie du fait de l'absence de majorité issue de la dissolution de juin 2024. Cette situation politique inédite et navrante montre que remettre le Parlement au centre du jeu institutionnel n'est pas sans risque et menace à tout moment de ressusciter la médiocrité du régime d'assemblée. La revalorisation politique du Parlement doit ainsi être conditionnée au fait de lui donner les outils lui permettant de s'emparer des enjeux du temps long dans un dialogue exigeant et constructif avec l'exécutif, point qui est longtemps resté un impensé de la Ve République.

Donner au Parlement l'ambition et les moyens du temps long

Il existe depuis longtemps une tentation de surmonter le court-termisme démocratique par une refondation institutionnelle de la représentation nationale. Dans cette logique, la préférence démocratique pour le présent apparaît comme une simple défaillance procédurale : c'est uniquement parce que les intérêts du futur ne sont pas suffisamment représentés, ou en tout cas moins représentés que les intérêts du présent, qu'ils ne parviennent pas à s'imposer. En un mot, le problème se résumerait à la question suivante : comment donner un poids politique à l'avenir ? Cette logique est ancienne et, pour remédier au déficit de représentation de l'avenir, plusieurs propositions d'« institutionnalisation du futur » ont été faites depuis le XIXe siècle. Elles se traduisent la plupart du temps par la création d'une nouvelle chambre parlementaire, un Sénat incarnant les intérêts des générations futures, se penchant sur les questions de long terme ou servant de ralentisseur à une Assemblée nationale éternellement peinte comme le temple des intérêts particuliers et des « coups politiques » à courte vue. La création d'une « chambre de l'avenir » est ainsi devenue depuis quelques années, notamment avec l'accumulation des manifestations de la crise climatique, un lieu commun de la science politique[15] et a été reprise par plusieurs candidats à l'élection présidentielle, d'Emmanuel Macron à Jean-Luc Mélenchon. Cette proposition a irrigué, en France, la plupart des débats sur la réforme du Conseil économique, social et environnemental, assemblée constitutionnelle composée de représentants de la société civile organisée (patronat, syndicats, associations), dont le rôle est régulièrement questionné. Une proposition émanant de la même logique d'institutionnalisation du futur, plus originale et probablement plus opérante, a été avancée par l'ancien parlementaire François Cornut-Gentille dans son intéressant ouvrage *Savoir pour pouvoir. Sortir de l'impuissance démocratique*[16]. Face au mur du court-termisme démocratique, qu'il attribue à l'aveuglement structurel du pouvoir face à la réalité des faits, comme la véritable ampleur des dynamiques migratoires ou la chute du niveau scolaire, il propose la création d'un « Conseil de la République », introduisant dans la marche habituelle des institutions un organe indépendant produisant des diagnostics précis sur les grandes options collectives qui s'offrent à la Nation.

Ces propositions d'« institutionnalisation du futur », pour séduisantes et utiles qu'elles soient, butent sur deux écueils majeurs. D'une part, elles sont prises à leur propre piège : en prenant la question du court-termisme démocratique par l'angle de la représentation, elles finissent par achopper sur cette même question. Qui seront les heureux élus qui représenteront les intérêts des générations futures et comment les désigner ? Qui garantira qu'ils ne seront pas happés par les mêmes clivages et les mêmes tentations du court terme que les parlementaires traditionnels ? Ces débats sont en réalité aussi anciens que la démocratie elle-même. D'autre part, ces propositions institutionnelles occultent le fait que la démocratie prévoit déjà des mécanismes et des procédures pour définir, débattre et trancher les grandes options offertes à la Nation. En proposant de déserter ces procédures, *via* de nouvelles assemblées non élues, ou des mécanismes participatifs surajoutés aux institutions de la République, elles aggravent en réalité ce qu'elles entendent réparer : à quoi bon voter, à quoi bon s'engager dans la vie publique, si d'autres acteurs que le citoyen-électeur ont *in fine* le monopole de la définition de l'avenir collectif ? L'expérience montre enfin que les assemblées au rôle purement consultatif n'ont que peu de prise sur la décision publique et demeurent impuissantes à modifier significativement les logiques de pouvoir.

La création d'une « chambre du futur » me semble donc une impasse intellectuelle et politique. C'est au Parlement, temple de la volonté populaire, que doivent se trouver les procédures et les outils pour intégrer le long terme dans l'élaboration de la loi. La première condition pour ce faire est de renforcer ses capacités autonomes de prévision et d'analyse. Or, force est de constater que le Parlement français demeure en situation de minorité par rapport à l'exécutif en matière d'expertise. La qualité de son travail, tant de législateur que d'évaluateur des politiques publiques, s'en ressent. Les parlementaires français disposent de peu de collaborateurs (en 2022, les nouveaux députés en avaient en moyenne 3,7, contre 15,5 pour leurs homologues américains, ce que n'explique pas seulement la différence de taille des circonscriptions) et de peu d'outils d'analyse indépendante, notamment budgétaire, pour faire face aux fonctionnaires de l'exécutif. Cette situation tranche avec celle d'autres grandes démocraties. Le Congrès américain dispose par exemple depuis 1974 d'une puissante agence dédiée à l'expertise budgétaire, le *Congressional Budget Office*, qui lui permet de contre-expertiser les propositions du Gouvernement et d'effectuer un véritable travail de planification et d'évaluation budgétaire. Il bénéficie également de son think tank interne, le *Congressional Research Service*, dont les six cents chercheurs produisent des analyses à destination des parlementaires sur un grand nombre de sujets de long terme.

Le Parlement français ne possède pas ces outils. Si l'Office parlementaire d'évaluation des choix scientifiques et technologiques, chargé d'informer le Parlement des conséquences de ces choix afin, notamment, d'éclairer ses décisions, est un outil original et utile, il ne compte pas de personnel permanent. La tradition juridique française ne connaît pas la notion d'« agence législative », organe spécialisé créé par le Parlement dont la mission serait d'éclairer le législateur dans l'élaboration et l'évaluation des lois. Une telle innovation juridique aurait pourtant l'intérêt de renforcer le poids technique du Parlement dans son dialogue avec l'exécutif. Le Parlement pourrait également s'ouvrir davantage à des institutions capables de l'éclairer dans son travail législatif : l'Académie des sciences, créée en 1666 par Colbert notamment pour conseiller le pouvoir dans les matières scientifiques, ou encore l'Académie des technologies, sont aujourd'hui considérablement sous-employées par les pouvoirs publics à l'ère des grandes mutations technologiques et climatiques. Réformées et rajeunies*, elles pourraient jouer un rôle de conseil beaucoup plus poussé au Gouvernement et au Parlement dans les matières scientifiques. Si les réformes constitutionnelles renforçant les prérogatives du Parlement ont souvent pris le sujet sous l'angle de l'extension de ses *pouvoirs*, ces derniers sont en réalité platoniques s'il ne dispose pas des *instruments* pour en assumer la plénitude.

Enfin, j'ai déjà évoqué la contamination du temps parlementaire par le temps de l'urgence et la prolifération normative qui en découle : de 2003 à 2023, plus de mille lois ont été promulguées, soit une moyenne de cinquante lois par an. 2021 marque un record, avec soixante-sept lois. Cette cacophonie normative renforce l'impression d'une vie politique déboussolée. Les causes de cette prolifération normative sont multiples. L'une d'entre elles est la façon dont est organisé le travail du Parlement, qui conduit structurellement à la tentation de légiférer en permanence, tant du côté des parlementaires que du Gouvernement. L'évolution des méthodes de travail parlementaires depuis soixante-dix ans, beaucoup moins médiatisée que d'autres réformes institutionnelles comme l'instauration du quinquennat, a pourtant largement contribué à l'accélération du temps politique. Un exemple : avant l'instauration, en 1995, de la session parlementaire unique se tenant d'octobre à juin, le Parlement ne siégeait que deux fois par an en session ordinaire, pour quatre-vingts jours à l'automne et quatre-vingt-dix jours au printemps. S'adressant au Conseil d'État en 1958 pour présenter la

* La moyenne d'âge des membres de l'Académie des sciences était de 70 ans en 2015. En 1769, Condorcet intègre l'Académie royale des sciences à 26 ans.

Constitution de la Ve République et justifier cette organisation, Michel Debré expliquait que « les assemblées, en régime parlementaire, ne sont pas des organes permanents de la vie politique. Elles sont soumises à des sessions bien déterminées et assez longues pour que le travail législatif, le vote du budget et le contrôle politique soient assurés dans de bonnes conditions, mais aménagées de telle sorte que le Gouvernement ait son temps de réflexion et d'action[17] ».

Aujourd'hui, l'activité parlementaire permanente sur toute l'année s'apparente à une succession d'exercices convenus, alternant prolifération législative, questions au gouvernement trop fréquentes et semaines de contrôle se résumant à des débats sans enjeu devant un hémicycle quasi vide. Combiné aux réformes proposées plus haut renforçant ses moyens, le réaménagement du travail du Parlement avec l'obsession du temps utile est une nécessité : moins de temps législatif, mieux préparé, avec plus de travail de fond ; une session dédiée à part entière au contrôle de l'activité du Gouvernement au printemps, permettant au Parlement de faire sérieusement usage de ses prérogatives constitutionnelles en la matière ; un meilleur encadrement du droit d'amendement aujourd'hui à la fois hypocrite et dilatoire ; une limitation à un seul texte des niches parlementaires afin de limiter les propositions de loi d'affichage et inciter les groupes à présenter des textes de véritable ampleur. Ces points peuvent sembler techniques, mais ils sont en réalité éminemment politiques : la dignité, l'efficacité et la capacité du Parlement à construire l'avenir passent par une forme de ralentissement et un retour au temps long de la délibération démocratique.

Une planification démocratique pour le XXIe siècle

Arrimer notre démocratie au temps long, la forcer à s'y intéresser, parfois malgré elle, impose enfin de trouver une formule institutionnelle liant intimement légitimité démocratique et projection de long terme. La Ve République a tranché cette question, on l'a vu, par l'élection du président de la République au suffrage universel direct : une légitimité démocratique maximale pour la fonction censée incarner le temps long du pays. Nous avons aussi vu comment cet idéal s'est étiolé. Il faut explorer une autre piste. La notion de « planification démocratique », associée intellectuellement et politiquement à la figure de Pierre Mendès France, peut servir d'inspiration aux réformateurs d'aujourd'hui. Mendès, soucieux de penser un système rompant à la fois avec l'instabilité de la IVe République et la personnalisation de la Ve République, liait étroitement modernité politique et nécessité pour la puissance publique d'accompagner l'expansion économique dans la durée. Le Plan, pour Mendès, est le pendant logique du contrat de législature entre le Gouvernement et sa majorité parlementaire : « Chaque Assemblée adoptera, à l'initiative du Gouvernement, et un an après son élection, un Plan dont elle surveillera et suivra l'exécution pendant la durée de la législature[18]. » Loin d'être un processus technique, le Plan est ainsi un acte profondément politique se confondant avec le programme du Gouvernement, qui en porte la responsabilité devant l'Assemblée et la Nation. Dans l'esprit de Mendès, la complexité et la variété des domaines concernés par le Plan imposent l'association étroite de l'ensemble des forces vives de la Nation (syndicats, entreprises, collectivités territoriales...) pour son élaboration, sa mise en œuvre et son évaluation. La planification est ainsi doublement démocratique : émanation d'une politique validée par la représentation nationale, elle est aussi le support d'une concertation permanente des corps intermédiaires.

Nous verrons au chapitre suivant comment la planification à la française, qui n'a jamais eu la pleine dimension démocratique souhaitée par Pierre Mendès France, s'est peu à peu affaiblie avant de disparaître officiellement en 2005 et de renaître en 2022 sous une forme décevante. Toutefois, l'idéal consistant à trouver une formule institutionnelle permettant de mettre le long terme au cœur des préoccupations du Parlement et du Gouvernement demeure. S'il n'est plus question, au XXIe siècle, de renouer avec la planification au sens où l'entendaient les modernisateurs des années 1950, des leviers existent pour tendre vers cette exigence. Le principal d'entre eux est l'élaboration, l'examen et le vote du budget, instrument par excellence, en démocratie, d'expression d'une orientation politique. Aujourd'hui, en vertu du principe d'annualité budgétaire, le budget de la Nation est discuté, voté et exécuté tous les ans. Si le Parlement vote, depuis la révision constitutionnelle du 23 juillet 2008, des lois de programmation des finances publiques permettant de se projeter au-delà de l'année civile, ces lois ne sont ni contraignantes ni sérieuses : les objectifs qu'elles tracent ne sont presque jamais respectés. La dernière en date, la loi de programmation budgétaire 2023-2027, a même été rejetée par l'Assemblée nationale sans que cela porte à conséquence. Les ressources de la Nation sont donc allouées sur une base annuelle, ce qui ne facilite ni la programmation d'une politique, ni la maîtrise des finances publiques, la fréquence annuelle des débats donnant un poids écrasant aux nécessités de la conjoncture et à l'expression des intérêts particuliers. Cette réalité doit changer.

Dès 1955, André Philip, qui fut au nombre des quatre-vingts parlementaires refusant de voter les pleins pouvoirs à Pétain, puis ministre de l'Économie nationale et des Finances sous le gouvernement Blum de 1946-1947, appelait à revoir le principe de l'annualité budgétaire :

> Une réforme ici conditionne tout : la suppression de l'annualité budgétaire [...] les interminables débats budgétaires, au cours desquels des milliers d'interventions parlementaires visent, non à exprimer une politique, mais à défendre des intérêts privés, individuels ou collectifs dans l'indifférence totale de l'opinion publique, discréditent de plus en plus les institutions parlementaires. Il est clair que le mode actuel de présentation du budget, et son vote annuel, ne correspondent absolument plus aux réalités de notre époque. L'année civile peut être une réalité administrative ; ce n'est pas une réalité économique[19].

Il appelait à la création d'un « budget de législature » permettant à l'Assemblée nationale de fixer dès la première année de son élection le cadre pluriannuel traduisant budgétairement la politique validée par le suffrage universel. Cette idée d'une programmation contraignante pour la loi de finance a refait surface lors de la tentative avortée de révision constitutionnelle de 2011 sans qu'une durée précise ait alors été retenue. La pluriannualité n'est d'ailleurs pas une originalité : le budget de l'Union européenne est aujourd'hui compris dans un cadre financier pluriannuel, qui planifie les dépenses de l'Union sur plusieurs années ;

le Parlement britannique vote une partie des recettes et des dépenses de manière permanente et ne se prononce annuellement que sur leurs modifications ; dans des pays comme la Suède ou les Pays-Bas, qui sont aussi parmi ceux d'Europe ayant le plus faible niveau de dette publique (respectivement 31,2 et 46,5 % du PIB, pour une moyenne de 81,7 % dans l'Union européenne au 4e trimestre 2023), la pluriannualité est l'horizon normal des finances publiques[20].

Introduire en France la notion de budget de législature aurait ainsi plusieurs avantages. D'abord, inciter les candidats aux élections nationales à travailler puis présenter au suffrage des priorités politiques claires et chiffrées pour les cinq années à venir. Le projet de budget de législature, dans ses grandes lignes, serait présenté aux électeurs comme une traduction des grandes priorités politiques du futur gouvernement. Ensuite, permettre à ce dernier, une fois nommé, d'exposer au Parlement ses grandes orientations politiques de moyen terme dont les parlementaires pourraient débattre. Enfin, donner une visibilité aux administrations, aux entreprises et à la société civile sur les grandes politiques qui nécessitent de se projeter dans le temps long, comme la transition écologique ou la défense du pays. Le budget de législature serait également un instrument de discipline budgétaire, puisqu'il permettrait de plafonner les dépenses publiques de façon contraignante pour cinq ans avec un objectif d'équilibre (« règle d'or »). Les discussions budgétaires annuelles seraient conservées mais ne porteraient plus que sur l'adaptation du budget de législature à la conjoncture, ce qui permettrait de faire face aux crises mais augmenterait le coût politique d'une hausse des dépenses. Enfin, il ne fait pas de doute que l'élaboration fine du budget de législature par le

Gouvernement devrait associer étroitement les forces vives de la Nation et les citoyens, dans la logique de planification démocratique chère à Pierre Mendès France. La légitimité démocratique du Gouvernement serait ainsi étroitement liée à la façon dont il projette le pays au moins dans les cinq ans à venir. Cinq ans : presque une éternité en démocratie.

La logique des propositions qui précèdent apparaît clairement : revitaliser le débat démocratique en dehors des institutions en revalorisant les partis et en dépersonnalisant le cycle électoral national, redonner de la profondeur de champ à la fonction présidentielle et des marges de manœuvre au Premier ministre, doter le Parlement de moyens pour penser le long terme et le construire à armes égales avec l'exécutif, lier fortement légitimité démocratique et projection dans l'avenir avec le budget de législature. Ces réformes n'altèrent pas la nature de la Vᵉ République. Elles en corrigent, je crois, les défauts les plus manifestes suite à ses modifications successives et face à une accélération du temps politique que n'avaient pas prévue ses concepteurs. Mais la Vᵉ République n'est pas assise que sur une constitution politique. Elle repose également sur une constitution administrative non écrite qui donne à l'État un rôle central dans l'organisation de la vie de la Nation et la détermination de son destin. C'est donc dans une redéfinition du rôle et des instruments de l'État que réside, en France, l'une des clefs pour répondre aux vertiges du « grand déboussolement ».

Chapitre III

Planifier ou libérer ? Dépasser l'État stratège

« Aussi l'État, qui répond de la France,
est-il en charge, à la fois, de son héritage d'hier,
de ses intérêts d'aujourd'hui
et de ses espoirs de demain. »

Charles de Gaulle, *Mémoires d'espoir. Le renouveau* (1958-1962)

« *If you put the federal government in charge
of the Sahara Desert,
in 5 years there'd be a shortage of sand**. »

Milton Friedman, *Newsweek*, 10 mars 1980

« Je pense que le rôle de l'État est d'être un arbitre, pas un joueur sur le terrain. [...] L'État est juste la plus grosse

* « Si vous demandez à l'État de s'occuper du désert du Sahara, en cinq ans, vous aurez une pénurie de sable. »

des entreprises. » Interrogé sur sa vision du rôle de l'État durant la campagne électorale victorieuse de Donal Trump en 2024, l'homme d'affaires libertarien Elon Musk, depuis nommé à la tête d'une commission de réforme de l'action publique, ne s'est pas privé de dénoncer l'interventionnisme du *Big State*. Ses entreprises sont pourtant les plus grandes bénéficiaires de subventions publiques aux États-Unis, avec près de cinq milliards de dollars estimés dès 2015. SpaceX et Tesla n'auraient tout simplement jamais pu voir le jour sans l'ambition stratégique de l'État fédéral et la participation décisive du contribuable américain. Derrière cette incohérence apparente se cache en réalité une querelle vieille comme l'économie politique : quel est le juste rôle de l'État pour accroître la richesse et la puissance de la Nation dans la durée ? Des physiocrates à John Maynard Keynes, la science économique s'est attelée à définir le bon partage entre les missions de l'État et les domaines où son intervention n'est pas justifiée. La longue querelle entre libéraux et interventionnistes peut ainsi se lire comme une compétition séculaire pour savoir qui, de l'État ou de la main invisible du marché, est le plus légitime et efficace pour maîtriser le temps. Aux économistes classiques qui estiment que c'est le marché qui détient la clef de l'avenir par un retour, sur la longue durée, à l'état d'équilibre, Keynes rétorque qu'« à long terme, nous sommes tous morts » et plaide pour l'intervention régulatrice de l'État. Qu'il soit perçu comme un perturbateur ou un chef d'orchestre, un prédateur ou un stratège, l'État est au cœur de la grande compétition pour gouverner l'avenir.

Cette compétition a ses phases, ses héros, ses victoires et ses défaites dans notre histoire administrative française : au libéralisme « absurde[1] » de la IIIe République finissante succède l'expérience dirigiste de Vichy prolongée par les modernisateurs de la IVe République qui conçoivent et mettent en œuvre la « planification à la française ». Si la Ve République fait initialement sienne l'« ardente obligation » du Plan, l'échec de l'activisme budgétaire pour surmonter la crise économique de 1974 puis la vague de dérégulation et de décentralisation des années 1980 changent la nature de l'action publique : l'État se dépouille de la plupart de ses instruments d'intervention dans l'économie et la société pour se replier sur la notion d'« État stratège » dont le rôle se résume à concevoir des politiques publiques et déployer des mécanismes d'incitation dans les secteurs libérés de la tutelle publique. Paradoxalement toutefois, le fondamentalisme de marché des années 1980-1990, imprégnant jusqu'à la gauche française, ne se traduit pas par une diminution de la sphère publique dans la richesse nationale : l'État-providence, sous l'effet têtu de la démographie et de choix politiques court-termistes sur lesquels je reviendrai, ne cesse de grossir, tout comme le nombre de fonctionnaires, le poids des prélèvements obligatoires et la dette publique. Ce modèle de développement hémiplégique de l'État français explique qu'aujourd'hui, en France, les libéraux peuvent s'inquiéter du « trop » d'État, et les interventionnistes déplorer le « pas assez » d'État. Quel camp a raison ? Les deux à la fois. Appelons cela le théorème d'Elon Musk.

Ce modèle français arrive à bout de souffle à un moment de l'histoire du monde où le choc des États-nations façonne à nouveau la géopolitique mondiale. Pendant quarante ans, le consensus global fondé sur le libre-échange, le primat de la libre concurrence et la libre entreprise s'est accommodé d'États interventionnistes apportant un soutien massif dans leur économie, comme la Chine et le Japon. Certes, ces derniers ne « jouaient pas selon les règles » du commerce mondial, mais leur puissance n'était pas perçue comme de nature à remettre fondamentalement en cause la prospérité des États libéraux. Leur essor contribuait pourtant à éroder massivement la base productive du Nord et à organiser le rattrapage technologique le plus rapide de l'Histoire. Si les États-Unis ont mis en place dès les années 1980 des mesures de protection, à l'origine dirigées contre le Japon puis réutilisées contre la Chine, la cécité des États européens, qui construisent leur Union économique au tournant des années 1980-1990, est à peu près totale. La « fin de l'Histoire » que prédit l'arrogance occidentale assombrit leurs horizons, quand les États planificateurs comme la Chine et la Russie de Vladimir Poutine pensent leur puissance à l'échelle du demi-siècle.

Cette illusion de quarante ans touche à sa fin. La crise financière de 2008, les crises migratoires des années 2010 et la crise de la Covid-19 ont accéléré le « retour de l'État ». Face aux fragilités économiques révélées par ces crises, face à l'accélération de la reconfiguration de l'économie mondiale vers une société post-carbone, les États réinvestissent massivement les stratégies industrielles. L'État-parti chinois entend renforcer sa domination industrielle et asseoir sa domination technologique *via* son initiative *Made in China 2025*. Aux États-Unis, à l'*American Rescue Plan* de Joe Biden, plan de relance post-Covid, succèdent le *CHIPS and Science Act*, plus important budget quinquennal en faveur de la recherche de l'histoire des États-Unis, et l'*Inflation Reduction Act* (IRA), stratégie de politique industrielle la plus ambitieuse depuis le *New Deal*, combinant crédits d'impôts et subventions massives aux industries décarbonées. La géopolitique mondiale s'organise chaque jour un peu plus autour du choc des différents modèles de « capitalisme politique », terme qui traduit la capacité de la puissance publique à diriger les forces sociales, transformer l'économie, développer l'innovation, l'industrie, les technologies numériques et les compétences de la population. En un mot, à trouver de nouveaux compromis efficaces entre la « libération » et la « planification » des énergies nationales. L'incapacité des Européens à penser leur propre modèle de « capitalisme politique » tient ainsi à leur difficulté à penser le pouvoir en même temps que le marché : si l'Union européenne s'est construite en « libérant » l'économie des instruments de direction des États membres, notamment par la politique de concurrence, elle n'est pas encore elle-même une véritable puissance publique capable de « planifier » une stratégie industrielle cohérente. Si le rapport Draghi a suggéré en 2024 des pistes de réforme pour forger un nouveau compromis industriel européen, il a immédiatement suscité la division des États membres entre partisans d'un marché libre et partisans d'un État plus interventionniste[2]. Cette fracture politique et intellectuelle sur le rôle de l'État est peut-être la plus décisive de toutes pour l'avenir du continent : elle obère la capacité de l'Europe à devenir une puissance dans la reconfiguration géopolitique du monde.

L'époque dangereuse qui s'ouvre appelle donc une redéfinition profonde du rôle de la puissance publique. L'Histoire enseigne que l'État se construit et se modernise par la guerre[3]. Plus que tout autre événement dans la vie des Nations, la guerre justifie la planification publique des ressources collectives pour augmenter la puissance de l'État et assurer sa survie : la comptabilité nationale, le Plan et l'État-providence, trois formes de prise en charge du temps long par l'État, sont les enfants de la Seconde Guerre mondiale. Jean Monnet, concepteur de la planification à la française, n'explique pas autre chose lorsqu'il affirme qu'après la guerre, « la même vue d'ensemble, la même mobilisation des ressources matérielles et humaines [étaient] nécessaires pour soutenir l'effort de paix. L'arsenal de la victoire et les chantiers de la reconstruction étaient deux phases successives du combat contre l'abandon[4] ». Nous ne sommes pas en guerre. Mais dans un monde où la compétition des États-nations reconfigure l'économie mondiale et modifie ses règles, dans un monde où la crise climatique fait peser une menace existentielle sur notre civilisation et notre prospérité, justifiant pour certains auteurs et personnalités politiques la mise en place d'une « économie de guerre », nous devons soutenir un difficile « effort de paix ». Face à ce défi, la rigide opposition entre libéralisme et interventionnisme est de moins en moins pertinente : promouvoir l'initiative privée et améliorer l'intervention publique sont partout les deux piliers d'une seule et même politique de puissance nationale.

Malgré sa tradition d'État fort, la France semble incapable de réinventer une doctrine de « capitalisme politique » qui corresponde à son identité et à ses intérêts. Comme l'affirmait le philosophe Paul Ricœur, en France, « le site de l'État n'est plus clair dans la conscience des citoyens ». Notre pays est comme encombré de son État, oscillant entre admiration et détestation : vivant encore dans une nostalgie fantasmée de la planification à la française, il a succombé plus que d'autres pays aux sirènes du libre marché mondial en devenant le pays le plus désindustrialisé d'Europe ; jacobin par tradition et par goût, il a choisi presque à contrecœur un modèle de décentralisation complexe, inefficace et frustratoire ; fier de son modèle social, il a renoncé à toutes les réformes et à tous les efforts qui auraient pu à temps en assurer la solidité et la pérennité ; se rêvant en « *start-up nation* », il est le pays d'Europe qui compte le plus de fonctionnaires. Rendre à l'État l'autorité et les moyens d'agir sur le temps long impose de trancher ces nœuds gordiens et d'inventer une nouvelle action publique pour livrer, une fois de plus dans notre longue histoire, le long « combat contre l'abandon ».

Planification 4.0 : gouverner le long terme à l'ère de l'intelligence artificielle

Avec la Sécurité sociale et le programme nucléaire, la planification fait partie des grandes réalisations publiques de l'après-guerre. Au lendemain de la Libération, l'État est perçu comme le garant de la reconstruction et de la modernisation du pays, dans le prolongement de l'effort de guerre. Les modernisateurs des années 1950 voient en lui un garde-fou contre l'esprit d'abandon ayant présidé à la défaite et un antidote au libéralisme de la IIIe République finissante dont les politiques économiques erratiques ont coûté au pays les moyens de sa préparation militaire. Le slogan de Jean Monnet est alors : « Modernisation ou décadence ». Car en matière de maîtrise du temps long, la France revient de loin : si la Statistique générale de la France a été créée par Thiers en 1840, l'État ne se dote des moyens de prévision et de pilotage de sa politique économique qu'en 1938, avec la création de l'Institut de conjoncture dirigé par Alfred Sauvy. Les deux organismes fusionnent pour donner naissance à l'Institut national de la statistique et des études économiques (Insee) en 1946. La même année, la création du Plan par décret du 3 janvier 1946 est l'un des derniers actes politiques du général de Gaulle avant sa démission, le 20 janvier suivant. Prévision et planification, incarnées politiquement par l'action et la doctrine de Pierre Mendès France, deviennent une véritable religion d'État. Elle imprègne notamment la formation des futurs hauts fonctionnaires et inspire toute une génération de grands commis de l'État. Comme le rappelle le futur garde des Sceaux et président du Conseil constitutionnel, Yves Guéna[5] : « Pour nous, c'était Keynes et le Plan. Point de salut en dehors. » Mendès enseigne d'ailleurs à l'École nationale d'administration (ENA) en 1950. Concrètement, le Plan s'appuie sur les leviers puissants dont l'État dispose dans l'économie (entreprises et banques nationalisées, circuits du Trésor, aide Marshall, allocation des matières premières…) pour fixer des objectifs de production de moyen terme et coordonner les différents secteurs qui y concourent. Les premières années, le Plan est redoutablement efficace : les objectifs sectoriels du plan Monnet sont presque tous atteints, ceux du deuxième plan sont dépassés et le troisième plan atteint son objectif de « retour à l'équilibre » de l'économie française. Grâce à l'outil de la comptabilité nationale, indispensable support du Plan, l'État se trouve pour la première fois en mesure d'avoir une vision claire de l'économie française et d'en piloter l'évolution. Il détient plus que jamais le monopole du temps long.

Cette dynamique se grippe dès les années 1960. Passées les urgences de la reconstruction, centrées sur les besoins en production industrielle et en infrastructures, le Plan s'élargit à des objectifs de développement économique et social plus larges et plus difficiles à atteindre. Si ces derniers sont moins clairs, ses instruments sont moins puissants dans une économie qui s'ouvre à l'Europe et au monde : la libéralisation des secteurs nationalisés, la fin du circuit du Trésor et du contrôle des changes amenuisent ses moyens d'action dans l'économie. La force du Plan s'affaiblit sérieusement dans les années 1980, et le Premier ministre Dominique de Villepin décide en 2005, plus de quinze ans après le Xe et dernier Plan, la suppression du Commissariat général au Plan. Il est remplacé par un organe plus souple de prévision et d'évaluation, le Commissariat général à la stratégie et à la prospective, devenu en 2013 France Stratégie.

Les manifestations de plus en plus pressantes de la crise climatique et la crise de la Covid-19, qui a révélé les dépendances structurelles du pays en produits critiques, ont ravivé l'idée de planification au sommet de l'État. En pleine crise sanitaire, le terme de *planification* est employé par le président de la République, Emmanuel Macron, dans son allocution du 13 avril 2020 appelant à l'élaboration d'une « stratégie où nous retrouverons le temps long, la possibilité de planifier, la sobriété carbone, la prévention, la résilience qui seules peuvent permettre de faire face aux crises à venir ». Le Haut-commissariat au Plan est créé le 1er septembre 2020 avec la mission d'« animer et coordonner les travaux de planification et de réflexion prospective conduits pour le compte de l'État ». Quelques mois plus tard, le candidat Emmanuel Macron consacre une grande partie de son discours d'entre-deux-tours, le 16 avril 2022 à Marseille, à l'idée de « planification écologique » dont sera chargée, une fois sa réélection acquise, la Première ministre Élisabeth

Borne. Le Secrétariat général à la planification écologique est créé le 7 juillet 2022. Deux ans plus tard, le Premier ministre Michel Barnier annonce dans son discours de politique générale la fusion du Haut-commissariat au Plan et de France Stratégie, ces deux organismes étant accusés de redondance et de ne pas être assez en prise avec la décision publique.

Que retenir de cette histoire, brossée à grands traits, de la planification à la française[6] ? D'abord que ce terme, dans la plénitude de sa signification, n'a effectivement concerné qu'une période relativement courte de l'histoire récente de notre pays, une quinzaine d'années entre 1946 et 1960 où l'État disposait de leviers exorbitants pour agir sur l'économie qu'il ne retrouverait jamais plus. En ce sens, l'idée de planification demeure dans notre imaginaire collectif d'une grande ambiguïté : si elle incarne dans l'esprit de beaucoup, notamment à gauche, la capacité de l'État à orienter les forces sociales et économiques au service d'objectifs de long terme, elle traduit concrètement aujourd'hui, de façon beaucoup plus modeste, son aptitude à mener une réflexion prospective. Le volontarisme politique qu'elle exprime n'est pas du tout, dans les deux cas, de même nature. Cette équivoque est au cœur de la crise de la notion d'État stratège que j'explorerai plus bas : ce n'est pas parce que l'État sait prévoir qu'il peut agir. La deuxième leçon de cette histoire de la planification est qu'avec la disparition du Plan, l'État n'a plus jamais retrouvé d'unité dans la production de sa vision de long terme. Celle-ci est aujourd'hui fragmentée en une dizaine d'organismes de prospective différents au sein de l'État, sans compter le travail de projection des administrations centrales productrices de stratégies sectorielles dont la cohérence n'est pas assurée[7]. Enfin, la planification à la française, dans son esprit d'origine, celui de Monnet, Mendès et de Gaulle, n'était pas qu'une méthode : elle était une mystique de l'État, une croyance profonde dans sa capacité à transformer le réel et une volonté puissante d'association de la société tout entière au projet national, qui s'est peu à peu délitée. Paradoxalement, malgré la multiplication contemporaine des concertations, consultations et autres délibérations citoyennes, la société ne s'est jamais autant sentie en dehors de la décision publique que depuis la disparition du Plan.

La notion de planification est-elle morte pour autant ? Celle des années 1950 l'est pour de bon. L'État ne retrouvera plus, en temps de paix, les leviers d'action dont il disposait alors. La question est donc de penser une planification moderne qui permette à l'État d'inscrire son action dans le temps long, dans un monde complexe, ouvert et imprévisible, avec de nouveaux outils. Au XXIe siècle, l'utilisation des nouvelles technologies, comme l'intelligence artificielle prédictive, représente un gisement encore largement inexploité d'exploration de l'avenir pour l'action publique. La saga de science-fiction *Les Cantos d'Hypérion*[8] met en scène une réalité postapocalyptique dans laquelle le Gouvernement est conseillé par des intelligences artificielles regroupées dans un « Technocentre » infaillible. Cette hypothèse n'est plus qu'une vue d'artiste. Une étude de la London School of Economics, du Massachusetts Institute of Technology et de l'université de Pennsylvanie a démontré qu'une douzaine d'intelligences artificielles étaient capables de prévoir l'avenir de façon aussi précise et efficace qu'une équipe de neuf cent vingt-cinq prévisionnistes humains[9]. Plusieurs États dans le monde s'emparent des possibilités offertes par l'intelligence artificielle pour améliorer leur capacité à prévoir, décider et évaluer l'action publique. Le Royaume-Uni a par exemple développé depuis 2020 un programme innovant de « jumeau numérique national » (*National Digital Twin Programme*). Un jumeau numérique est un modèle numérique qui reconstitue fidèlement un objet, une opération ou un système et permet ainsi des possibilités infinies de simulation, d'expérimentation et d'apprentissage. Dans l'exemple britannique, plusieurs cas d'usages ont d'ores et déjà été déployés sur l'île de Wight : modéliser entièrement le système électrique de l'île pour améliorer son efficience et son pilotage, reproduire sa topographie pour anticiper les effets des catastrophes climatiques, ou encore, sur la base de données publiques, prévoir quels ménages seront éligibles aux aides à la rénovation énergétique. À terme, le « jumeau numérique national » doit devenir un véritable « jumeau numérique de politiques publiques » (*National Policy Twin*) permettant, à l'échelle du pays, de simuler de nombreuses politiques publiques (gestion de crise environnementale ou sanitaire, versement des aides sociales, gestion des flux dans les hôpitaux…)[10]. Sous l'impulsion du ministre de la Transition écologique et de la Cohésion des territoires d'alors, Christophe Béchu (2022-2024), notre pays a lancé en mai 2024 un projet de « jumeau numérique de la France », réplique numérique du territoire national, centré sur l'aménagement du territoire et la simulation des effets du dérèglement climatique. Il faut aller plus loin. Un projet plus ambitieux de « Commissariat à la simulation et à l'évaluation numériques des politiques publiques » pourrait voir le jour pour centraliser l'ensemble des données publiques et simuler de nombreux scénarios utiles aux décideurs : évolution du système de retraite, modification de la carte scolaire, simulation de réformes fiscales, efficacité des aides publiques aux entreprises… Grâce à cet outil, l'ensemble de l'action publique serait enrichie : aide à la décision pour le gouvernement, amélioration des études d'impact des lois dont la qualité est régulièrement critiquée, simplification normative, évaluation des politiques publiques *a posteriori*, consultation des citoyens, mise en cohérence des différentes stratégies publiques… La création de ce « jumeau de politiques publiques » pourrait être un grand projet national et une véritable matrice pour redéfinir l'action publique sur la base d'une planification 4.0, plus agile et plus efficace.

Ce projet de planification 4.0 n'est qu'un pan de la mutation de l'action publique vers celle d'un « État hybride » où l'intelligence artificielle deviendra une composante à part entière de l'action administrative, contrôlée et accompagnée par des agents publics dont le rôle et le statut en seront inévitablement affectés. Les métiers de la fonction publique seront frappés de plein fouet par le grand bouleversement de l'intelligence artificielle (IA) : comment la justice administrative, jurisprudentielle et écrite, s'adaptera-t-elle à l'ère de l'IA générative capable de confronter des situations simples et répétitives à des règles de droit et de trancher des litiges sériels ? Cette question vertigineuse vaut aussi pour les forces de sécurité, les médecins, les agents chargés d'instruire des dossiers d'aides sociales ou même les professeurs. On l'a vu, l'ENA[11] est née avec le Plan et a formé des milliers de hauts fonctionnaires à cette mystique de l'État planificateur. La nature de la formation des élites administratives est toujours liée à l'ambition que l'action publique se donne à elle-même. La formation des futurs dirigeants publics qui auront la charge d'agir dans cet environnement bouleversé par l'IA devra ainsi être à la fois technique et pluridisciplinaire. Dans ce nouveau monde, la distinction française classique entre l'administrateur et l'ingénieur perdra de sa pertinence. Walter Isaacson, dans son livre extraordinaire sur les pionniers du numérique, *Les Innovateurs*, cite Steve Jobs : « Je me suis toujours considéré comme un littéraire quand j'étais gosse, mais j'adorais l'électronique. Puis j'ai lu un truc qu'un de mes héros, Edwin Land, de Polaroid, avait dit à propos de l'importance des gens capables de fonctionner dans l'intersection des humanités et des sciences et j'ai décidé que c'était ça que je voulais faire[12]. » Steve Jobs comme modèle des futurs serviteurs de l'État ? La comparaison n'est pas absurde. C'est bien de personnes capables de fonctionner « dans l'intersection des humanités et des sciences » dont l'État aura besoin demain. L'ENA du futur sera une école d'application unique mettant en œuvre la formation des administrateurs et des ingénieurs de l'État et délivrant un cursus adapté aux enjeux scientifiques et techniques de l'action publique du XXIe siècle. Elle disposera d'une filière numérique d'excellence permettant d'attirer les talents et de les rémunérer en conséquence. Doté des ressources humaines et matérielles pour penser l'avenir, l'État sera alors mis au défi d'agir. Prévoir ne suffit pas. L'autre grand chantier de gouvernement est de donner à l'État stratège 4.0 les instruments pour mettre en œuvre sa vision et conjurer le risque, qui le guette toujours, de l'impuissance.

En finir avec l'impuissance de l'État stratège : pour une nouvelle action publique

La notion d'« État stratège » est apparue en France au tournant des années 1990. Censée signifier un recentrage de l'État sur ses fonctions de prévision et de pilotage, elle s'est en réalité traduite par un triple affaiblissement de la puissance publique. Premièrement, si les fonctions stratégiques de pilotage et de contrôle sont attribuées à l'État central, les fonctions opérationnelles d'exécution et de mise en œuvre des politiques publiques sont déléguées à des administrations déconcentrées et décentralisées. Un fossé se creuse alors entre les administrations qui pensent le temps long et celles qui agissent effectivement sur le terrain. Deuxièmement, l'action publique est de plus en plus éclatée entre de nombreuses agences plus ou moins indépendantes de l'échelon central : certaines d'entre elles s'attribuent des fonctions d'orientation d'une politique publique échappant à toute coordination globale, renforçant ainsi la « balkanisation » des stratégies publiques. La fonction unificatrice du Plan comme manifestation d'une volonté coordonnée de l'État sur le temps long a vécu. Enfin, à mesure que l'État se retire de l'organisation de l'économie et de la société, émergent de nouveaux instruments d'action publique plus « souples », comme les « appels à projet » où l'État se borne à fixer des critères de soutien aux acteurs publics ou privés sans véritable démarche de réflexion, de priorisation et de décision, soit le contraire d'une politique. Trente ans plus tard, l'État stratège émerge ainsi comme un paradoxe : l'État n'a jamais conçu autant de plans sectoriels (haut débit, cancer, autisme, racisme et antisémitisme, santé au travail) et de stratégies nationales (intelligence artificielle, biodiversité, bas carbone), mais il n'a jamais semblé aussi impuissant à traduire sa volonté en actes et à changer le réel. L'État n'a jamais mis autant d'efforts à penser le temps long, mais n'a jamais semblé aussi incapable de mener une politique cohérente, constante et efficace.

Surmonter ce paradoxe impose de s'intéresser aux instruments dont l'État dispose pour traduire ses objectifs en politiques et surtout au rôle qu'il s'attribue lui-même dans la direction de l'économie et de la société. Clausewitz faisait de la stratégie une combinaison virtuose entre une fin et des moyens. En se concentrant sur les fins, l'État stratège a organisé sa propre impuissance. Il a perdu l'habitude d'imposer l'obéissance à l'intérêt général. Face au « retour de l'État » au niveau mondial, l'État français doit conduire un *aggiornamento* de ses modes d'action et se donner les moyens de conduire une véritable ambition stratégique, de la conception à la mise en œuvre.

Cette ambition stratégique nouvelle doit d'abord se traduire par un changement de positionnement de l'État vis-à-vis de la société, qui peut s'incarner dans le puissant principe de « conditionnalité ». Cette notion fait aujourd'hui son retour dans les stratégies de politiques industrielles dans le monde. C'est elle, par exemple, qui est au fondement de la puissance innovatrice de la *scale-up nation* israélienne. L'État d'Israël a mené pendant des décennies une politique industrielle fondée sur la conditionnalité, les lois de soutien à l'innovation imposant comme condition que les fruits de l'investissement (propriété intellectuelle, production, emplois) demeurent dans l'économie nationale. La philosophie en est simple : « Dans l'économie mondialisée d'aujourd'hui, le simple fait d'acheminer des fonds publics dans des mains privées n'aboutira pas nécessairement ou spontanément aux résultats souhaités. » Ce constat pose un défi supplémentaire à la politique industrielle : « S'assurer que les entreprises et les start-ups qui reçoivent des investissements publics au stade de la recherche et développement génèrent par la suite les retombées économiques positives – nouvelles technologies, bons emplois et recettes fiscales stables – que l'État cherche à encourager en premier lieu[13]. » Les travaux des économistes Mariana Mazzucato et Dani Rodrik, qui estiment que le rôle de l'État dans l'économie n'est plus uniquement d'organiser le rattrapage technologique ou de corriger diverses défaillances de marché, mais de coconstruire de nouveaux marchés, ont pour objet de fixer ce cadre intellectuel et politique spécifiant les responsabilités, engagements ou actions de l'entreprise en contrepartie d'un soutien public[14]. Ce changement de logique doit inspirer l'Europe : contrairement aux nouvelles politiques industrielles américaines, telles que le *CHIPS and Science Act*, autorisant près de 40 milliards de dollars de subventions dans les microprocesseurs, ou encore l'IRA, le plan industriel du pacte vert pour l'Europe n'inclut pas de conditions sur le fait d'acheter européen. L'exemple d'Israël révèle enfin un point crucial pour le rôle de l'État dans cette nouvelle politique industrielle : la nécessité de former une large coalition sociale et politique, comprenant les industriels et les syndicats, s'alignant sur les priorités de développement de l'État et coconstruisant les conditions de son action.

La notion de « conditionnalité », mobilisée ici en matière de politique industrielle, peut servir de base à toute action publique stratégique, de l'État-providence à la politique migratoire, en passant par les relations entre l'État et les collectivités territoriales. Elle est le contraire du fait accompli, elle est le contraire de l'abandon. Elle est une exigence de responsabilité publique. Dans cette logique, l'État ne distribue de l'argent public ou ne réglemente que dans la mesure où ses propres objectifs d'intérêt général et de long terme sont remplis. Il reprend et sanctionne lorsque ces objectifs ne sont pas atteints par ceux qui sont censés les mettre en œuvre. Carotte et bâton. Concrètement, l'État fixerait par secteur des objectifs d'intérêt général et aurait pour tâche de construire avec les acteurs concernés le consensus entourant les conditions de mise en œuvre de cet objectif. L'action publique prendrait de plus en plus la forme de « contrats stratégiques » de long terme, dont les modalités – mais non les fins – seraient négociées avec les parties prenantes, l'État se laissant la possibilité en dernier ressort d'imposer la solution exigée par l'intérêt général. Prenons deux exemples qui n'ont rien à voir entre eux : l'installation des médecins et l'orientation des jeunes. Le diagnostic est connu dans les deux cas depuis plusieurs années : une partie importante du territoire national se trouve aujourd'hui dépourvue de médecins et beaucoup de jeunes sont orientés dans des formations peu efficaces et peu adaptées aux besoins de l'économie nationale du XXIe siècle. Les instruments souples d'incitation de l'État stratège sont pourtant impuissants à régler ces questions, malgré les nombreuses stratégies et plans d'action dédiés à ces sujets. Une nouvelle logique de conditionnalité commanderait que l'État affirme son objectif non négociable d'intérêt général (plus de médecins en zones rurales, plus de jeunes dans les formations d'avenir) et ouvre des négociations sur les conditions d'atteinte de ces objectifs. En cas d'échec des négociations ou de non-respect du contrat, l'État se réserverait le droit de prendre unilatéralement les mesures qui s'imposent (installation contrainte de certains praticiens, *numerus clausus* à l'allemande sur toutes les formations universitaires, voire fermeture pure et simple de certaines d'entre elles…) et, le cas échéant, de récupérer les aides publiques versées en pure perte. Au-delà de la simple fixation d'objectifs par l'État stratège, cette logique d'« unilatéralisme négocié », qui n'est pas sans précédent dans la culture administrative française, poussera l'État à se montrer innovant sur les moyens et les instruments, à se soucier de l'intendance et, parfois, à agir à nouveau lui-même.

Si la conditionnalité peut inspirer un nouveau logiciel pour traduire dans les faits les stratégies publiques, l'État ne pourra pas faire l'économie d'une réflexion sur son organisation et ses instruments d'action. L'État stratège, recentré sur ses missions de conception et de contrôle, a vu diminuer la gamme de ses outils d'intervention dans la société, qui se résument aujourd'hui aux deux instruments traditionnels de la puissance publique, la norme et le budget. D'où le second paradoxe de l'État stratège, qui se pensait un État agile et moderne mais qui, selon le mot de l'écrivain Arthur Miller, a fini « façonné par ses outils » : pour agir, l'État n'a aujourd'hui le choix qu'entre réglementer ou dépenser. Par conséquent, il réglemente et dépense trop. Un État véritablement moderne et garant du temps long doit se doter de nouveaux instruments d'action. Une piste de réflexion pour cette réforme de l'État réside dans la vieille typologie effectuée dès 1956 par Edgard Pisani entre « administration de gestion » et « administration de mission[15] ». Son constat d'après-guerre est particulièrement actuel :

> Devenue, par sa volonté propre et du fait même des circonstances, responsable de secteurs chaque jour plus vastes de la vie nationale, maîtresse de l'économie, désormais soucieuse d'accomplir une politique volontaire de mise en valeur, l'administration est, aujourd'hui encore, trop bien faite pour être un organe de gestion, trop peu faite pour devenir cet organe de mission qui correspondrait, pourtant, aux nécessités du présent et de l'avenir[16].

Principalement axé sur l'aménagement du territoire, son propos prend pour exemple la Tennessee Valley Authority américaine, « corporation investie des pouvoirs de gouverner, mais possédant la flexibilité et les possibilités d'initiative du secteur privé ». En un mot, l'administration de mission est

> légère, elle a le goût de faire faire, elle est réaliste, mouvante, elle va vers l'événement ; elle est mêlée à la vie ; elle n'attend pas l'initiative, elle la sollicite ; elle doit pouvoir créer les personnes morales nécessaires à l'épanouissement de ses entreprises ; elle est dynamique et comporte des risques, alors que sa sœur aînée [l'administration de gestion] doit se contenter d'être prudente et impose l'élimination de tous les risques[17].

Dans cette logique modernisée, un défi urgent, complexe, important, circonscrit dans l'espace et limité dans le temps, devrait pouvoir justifier la création d'une mission spécifique de l'État, dotée de pouvoirs spéciaux et de moyens dédiés : une situation enkystée de trafic de drogue dans un territoire, une pénurie particulièrement grave de médecins, une crise migratoire localisée, une catastrophe naturelle dont il faut gérer les suites dans la durée, une région de monoculture dont il faut assurer la reconversion climatique… Les situations sont nombreuses où l'État peut et doit faire du « sur-mesure ». De telles administrations *ad hoc* pourraient recruter, le temps de la durée de la mission, des profils divers, adaptés aux besoins nécessairement multiples de la situation, suivant une logique interministérielle qui fait aujourd'hui défaut, au niveau local, dans une administration de gestion construite en silo. Elles seraient évidemment tenues à un partenariat étroit avec les collectivités et les acteurs concernés. Elles pourraient enfin disposer de pouvoirs propres et, si nécessaire, dérogatoires au droit commun, mettant pleinement en œuvre les principes de différenciation et d'expérimentation dont l'action publique, encore trop souvent uniforme et descendante, devrait davantage s'emparer. Une action administrative « à la carte », agile, moderne, assumant la charge de l'intérêt général pour mettre en œuvre une stratégie de long terme : telles devraient être l'ambition nouvelle de l'État d'aujourd'hui et la philosophie commandant la gestion de tous les grands services publics, à commencer par le plus important d'entre eux, l'éducation nationale.

Un cas pratique :
construire l'avenir de l'école républicaine

Rien ne détermine plus l'avenir d'un pays que la qualité de son système éducatif. Or, malgré la qualité et l'engagement de ses personnels, l'école française est en train de faillir de façon systémique à sa mission de transmettre savoirs, valeurs et compétences à des générations de jeunes Français. En mathématiques, pour la classe de CM1, la France est avant-dernière des trente-deux pays testés par la grande enquête internationale TIMSS[18], devant le Chili ; en sciences, elle occupe la 29e place devant Chypre, la Belgique et le Chili. En classe de quatrième, en mathématiques, la baisse du score de la France en vingt-huit ans correspond à une année scolaire : en d'autres termes, le niveau des élèves de quatrième de 2023 en mathématiques est équivalent à celui des élèves de cinquième de 1995 dans cette matière. Seuls 3 % des élèves français atteignent le niveau « avancé » en mathématiques et en sciences, contre 9 % dans l'Union européenne en mathématiques et 8 % en sciences, et 49 % à Singapour. En parallèle de cette chute de niveau, un véritable « apartheid » scolaire est en train de se former dans notre pays, avec des ménages aisés scolarisant toujours davantage leurs enfants dans l'enseignement privé. Le dualisme scolaire à la française n'est plus, comme à son origine, d'ordre religieux : il est devenu social. L'école publique est en passe de devenir l'école des pauvres. Il ne faut pas s'étonner, dans ces conditions, qu'elle réplique plus que dans d'autres pays du monde les inégalités sociales à la naissance[19]. Nous échouons donc sur les deux tableaux de l'excellence et de l'égalité, double échec qui obère en même temps l'avenir de notre démocratie, de notre compétitivité et de notre prospérité.

Comment réparer l'école ? Les élèves d'aujourd'hui ne sont pas les élèves d'hier. Ceux de Seine-Saint-Denis ne sont pas ceux de Dordogne. La vieille école égalitariste et centralisée de la IIIe République, qui a été extraordinairement efficace pour enraciner le sentiment républicain et élever le niveau général, doit laisser la place à une école adaptée à la société et aux enjeux du XXIe siècle. Comme souvent, face à ce constat largement partagé, la puissance publique a organisé des systèmes dérogatoires, comme la politique d'éducation prioritaire, sans changer le logiciel du système. Les deux principes simples d'action publique énoncés précédemment que sont la conditionnalité et le sur-mesure peuvent servir de boussole à une grande entreprise de rénovation scolaire. Le sur-mesure, c'est une autonomie pédagogique, financière et administrative accrue de tous les établissements scolaires publics, qui prolongera le grand mouvement d'autonomisation, entamé dès les années 1970 et encore inachevé, de l'enseignement supérieur français. La conditionnalité, c'est la contractualisation avec l'État qui fixera, avec les collectivités, les objectifs des établissements en matière de résultats et le cadre général du service public de l'éducation nationale, tout en ayant les moyens de sanctionner leur non-respect. L'école publique de demain sera sous contrat, avec un fonctionnement adapté à l'équipe pédagogique, au territoire et aux élèves, et sera d'autant plus intéressée à la réussite et aux progrès des élèves que son financement pourra dépendre en partie de critères de performance. Libérer l'initiative des professeurs, des équipes de direction et des collectivités, tout en assurant le contrôle de l'essentiel par l'État, notamment le respect des valeurs de la République : telle pourrait être une entreprise de rénovation puissante de l'école républicaine pour assurer son avenir, celui des jeunes Français et donc celui de la Nation tout entière.

Une telle réforme de gouvernance ne réglera pas tous les maux de notre système éducatif. Elle ne fera pas disparaître la crise de l'autorité, la puissance des réseaux sociaux, les ravages du harcèlement, qui ont des racines profondes. Mais elle donnera au système la liberté dont il a besoin pour faire face à ces défis de façon adaptée à chaque situation. Elle rendra au corps enseignant la dignité que confère toujours la responsabilité des affaires et le pouvoir de décider. Elle redonnera à l'école républicaine le goût de l'excellence et du dépassement qui est le meilleur antidote à l'inégalité des chances. Quant à l'État, il serait mis au défi de moins administrer et de mieux prévoir : les mutations des méthodes d'enseignement, les besoins de la Nation en compétences et des professeurs en formation, l'évolution démographique des territoires... Il devra enfin mettre en place la grande politique d'orientation des jeunes qui a toujours été le parent pauvre, angoissant pour les élèves, irritant pour les parents et inefficace pour la Nation, de notre système scolaire. Cette ambition devra surmonter quelques tabous éculés qui ne résisteront pas à l'alliance entre une puissante volonté politique et les aspirations profondes des Français pour leurs enfants : la sélection dans l'enseignement supérieur (aujourd'hui inassumée, donc vexatoire et injuste), la revalorisation de l'apprentissage, les liens à renforcer entre l'enseignement et l'entreprise, la fin du baccalauréat national qui n'a depuis longtemps plus aucune signification académique, comme l'envisageait dès les années 1970 Georges Pompidou :

> Le baccalauréat national est une absurdité. [...] L'évolution salutaire vers l'autonomie des universités et l'attribution à ces universités des responsabilités propres doit conduire à des conclusions analogues en ce qui concerne aussi bien l'entrée à l'université que l'attribution de diplômes. Pour parler clair, je

suis partisan de la suppression du baccalauréat national. J'estime que chaque établissement secondaire ou – à titre de transition – chaque académie départementale devrait attribuer aux élèves ayant suivi les cours de l'enseignement secondaire un diplôme indiquant qu'il a fait ses études dans des conditions bonnes, moyennes, ou médiocres[20].

Prioriser sur tout le reste une ambitieuse politique éducative, c'est faire le choix de la jeunesse, et donc de l'avenir. Ce grand choix politique ne peut toutefois être pleinement assumé sans s'intéresser aux mécanismes mis en place pour assurer l'équité entre les générations dans notre pays : en France, c'est l'État-providence qui a, depuis la Libération, endossé la lourde charge d'assurer dans le temps long la solidarité entre les Français du passé, du présent et de l'avenir. Sa pérennité et sa légitimité sont aujourd'hui questionnées en profondeur par une dynamique puissante qui façonne l'avenir du monde à grande vitesse : le vieillissement accéléré de la population mondiale n'épargne pas la France et met en péril, plus qu'ailleurs, son contrat social et générationnel.

Gouverner la démographie : quand la providence tue la prévoyance

« Un gouvernement, lorsqu'il accepte une mesure, ne doit pas seulement se préoccuper des conséquences financières dans l'année, [...] au cours de la législature, [...] au cours du septennat ; il doit se préoccuper aussi des conséquences à plus long terme, correspondant à une époque où aucun des membres du gouvernement en place n'aura une chance d'être encore au gouvernement[21]. » Cette leçon intemporelle de morale politique date de 1966. Elle est le fruit d'une passe d'armes entre le ministre des Affaires sociales de l'époque, Jean-Marcel Jeanneney, et le secrétaire général du Parti communiste, Waldeck Rochet, à propos – déjà – des déficits de la Sécurité sociale. Vingt ans seulement après sa création, le système est à bout de souffle et son instabilité de long terme est annoncée. La grande réforme de 1967 qui sépare notamment les caisses de « Sécu » en fonction des risques couverts a déjà pour objet de « sauver le système » instauré à la Libération.

Rompant avec le système de retraite par capitalisation qui prévalait avant la guerre[22] dans une période où la France était depuis un siècle en déprise démographique, l'État-providence s'est érigé en 1945 en prescripteur de solidarité intergénérationnelle : ce sont désormais les efforts des travailleurs du présent qui alimentent l'« allocation aux vieux travailleurs salariés ». Cette organisation du partage des efforts entre générations s'accompagne logiquement de la création d'instruments de pilotage de la démographie française : pour soutenir le système dans la durée, il faut aussi donner des travailleurs au futur, et donc encourager les naissances. Alors qu'en 1935, le nombre de décès est toujours supérieur à celui des naissances en France et que l'Allemagne, plus jeune et plus peuplée, réarme, la IIIe République finissante adopte, quelques jours avant le déclenchement de la Seconde Guerre mondiale, un décret-loi instituant le code de la famille et de la natalité française, première politique familiale à visée clairement nataliste en France. Après la guerre, le général de Gaulle opère une équivalence très nette entre la puissance du pays et son redressement démographique en « appelant à la vie les douze millions de beaux bébés qu'il faut à la France en dix ans[23] ». Les faits dépassent ses espérances : le baby-boom change la donne séculaire de la faible démographie française et l'avenir semble assuré grâce à une croissance de sa population sans précédent dans son histoire. Gouverner les forces de la démographie sur le long terme semble à portée de main pour un pays qui est passé en une décennie d'une exception démographique à une autre.

Très vite, pourtant, la capacité de l'État à assurer l'équité intergénérationnelle dans la durée est remise en question. Des réflexions sont lancées dès le Ve Plan pour piloter le dérapage des dépenses sociales, dont l'évolution est durablement supérieure au revenu national. Plusieurs tentatives sont réalisées pour réconcilier l'État-providence, fondé sur une logique de transferts et de droits acquis, avec l'État stratège, dont la raison d'être est d'assurer la meilleure allocation des ressources nationales dans le temps : nombreux Livres blancs sur les retraites, instauration en 1996 des lois de financement de la sécurité sociale permettant au Parlement d'en voter les ressources et les dépenses, instauration d'organismes de pilotage comme le Conseil d'orientation des retraites, le Haut Conseil pour l'avenir de l'assurance maladie, le Haut Conseil de la famille ou encore le Haut Conseil du financement de la protection sociale. Cette schizophrénie entre la providence et la stratégie se retrouve dans plusieurs décennies de réformes avortées ou incomplètes : la lucidité sur le poids croissant des dépenses sociales dans le revenu national est partout sauf dans les décisions publiques. Ironie de l'Histoire, au moment où la France, contre toute logique démographique puisque tous les retraités d'aujourd'hui étaient nés alors, instaure la retraite à 60 ans en 1982, les États-Unis, à la suite des résultats de la Commission nationale sur la réforme de la sécurité sociale présidée par Alan Greenspan, mettent en place le *Social Security Trust Fund* investissant les surplus de cotisation des actifs dont les intérêts permettent de payer les pensions sans nouvelle réforme jusqu'en 2035. Dix ans plus tard, un Michel Rocard désabusé ne peut qu'écrire, dans sa préface au Livre blanc sur les retraites de 1991 – qui reste comme un chef-d'œuvre de lucidité politique et une gigantesque occasion manquée : « Nous avons vis-à-vis des générations futures un devoir de lucidité et un impératif de solidarité. Nous leur devons des choix pour garantir leur avenir. [...] Je le dis donc avec une tranquille assurance, ceux qui, pour des gains politiques à courte vue, croiraient flatter l'opinion en niant le problème, programmeraient sûrement une guerre des générations[24]. »

Nous y sommes. La « fracture sociale » dénoncée par Jacques Chirac est devenue une « fracture générationnelle » organisée par la puissance publique. Alors que le niveau de vie moyen des retraités est passé devant celui des actifs, ces derniers doivent supporter un taux de cotisation de 28 % en moyenne pour la génération 2000 contre 20 % pour la génération 1940. Les travailleurs du présent supportent sur leur pouvoir d'achat les résultats d'un système condamné par la démographie et qui met leur avenir en péril : alors que les Français doublaient leur niveau de vie en quinze ans de travail entre les décennies 1950 et 1980, puis en quarante ans entre 1980 et 2010, depuis quinze ans, il faut quatre-vingts ans de labeur, soit deux existences, pour doubler son niveau de vie. Plus absurde encore, l'État endette les générations futures pour payer les retraites du présent. Celles-ci, qui représentent le quart des dépenses publiques, sont financées à 66 % seulement par les cotisations et à 14 % par des impôts transférés. Les 20 % restants sont couverts par l'État. D'où cette réalité peu visible dans la comptabilité publique : la moitié du supplément de 839 milliards d'euros de dette publique entre fin 2017 et fin 2023 est due au paiement des retraites. Qu'est-ce qu'un pays qui obère sa prospérité future pour financer son passé, sinon un pays qui se meurt ? Les termes *providence* et *prévoyance* partagent la même étymologie, un néologisme latin inventé par Cicéron qui provient de *pro*, « en avant », et *videre*, « voir ». La providence est « ce qui voit d'avance », ce qui prédit l'avenir. Force est de constater que face au mur démographique, notre État-providence ressemble plutôt aujourd'hui au cyclope de l'*Odyssée* : un géant aveugle.

Les faits sont pourtant têtus. L'avenir démographique de la France est déjà écrit à moyen terme. Le visage du pays va changer. Un Français sur trois sera âgé de 60 ans ou plus en 2050, soit une hausse de 80 % en l'espace de quarante-cinq ans. En 2024, 29 000 centenaires vivaient en France, soit près de trente fois plus que dans les années 1960-1975[25]. Ils seront 125 000 en 2050[26]. La question de la dépendance et de son financement constitue un défi démographique, budgétaire et social de première importance pour les décennies à venir : en 2060, 2,3 millions de personnes pourraient être dépendantes, soit deux fois plus qu'en 2012[27]. La France n'est pas la seule touchée. Le « grand vieillissement[28] » est un phénomène global dont les conséquences reconfigurent l'économie mondiale. Il explique en partie la baisse structurelle des taux d'intérêt réels, la hausse de l'épargne mondiale et la hausse des prix du logement dans les pays développés. Avec un mécanisme simple : les ménages anticipent un allongement de leur durée de vie et prévoient qu'ils passeront plus de temps à la retraite. Ils sont donc prêts à transférer une plus grande partie du revenu obtenu pendant leur vie active vers le futur. L'économie mondiale se réorganise dans un nouveau rapport au temps, où un futur incertain prend le pas sur le présent, où l'épargne s'impose face à la consommation et la rente face au travail. Dans ce contexte où de puissantes forces démographiques remettent en question le pacte social et générationnel issu des Trente Glorieuses, l'État-providence à la française doit être redéfini. Pensé pour assurer la justice sociale, il a créé l'injustice générationnelle. Pensé pour assurer dans la durée la prospérité du pays, il pèse aujourd'hui de façon démesurée sur les travailleurs et met en péril sa richesse future*. Pensé pour assurer un revenu digne à tous les retraités, il ne pourra survivre en l'état actuel des choses que par une baisse du taux de remplacement, c'est-à-dire du niveau des pensions.

Un nouveau contrat social et générationnel reste donc à écrire pour les prochaines décennies. Face aux mutations rapides du travail et aux forces de la démographie, l'État doit résolument libérer la sphère sociale et confier aux citoyens et aux partenaires sociaux la responsabilité de leur avenir. Dans ce nouveau contrat de justice et de responsabilité, il resterait le garant d'une solidarité nationale de base face aux risques liés à l'activité professionnelle, universelle et financée par l'impôt. Il en fixerait les différents paramètres valables pour l'ensemble des actifs (fonctionnaires, salariés,

* S'il y avait cinq actifs pour une personne âgée inactive en 1945, il n'y en avait plus que 4,3 en 1965, 2,6 en 1990 et 1,7 en 2021. Il y en aura 1,4 en 2050.

indépendants...), dont le système de protection sociale serait unifié en un seul « statut de l'actif ». Ses modalités pourraient être fixées dans une loi de programmation pluriannuelle. Le reste du système, contributif, serait complété par la constitution d'un fonds de pension public mais indépendant de l'État afin d'éviter la tentation de la prédation politique sur l'épargne des retraités. En plus d'assurer la soutenabilité de son système de retraite dans la durée, la France se doterait ainsi d'un investisseur public de long terme, à l'image des fonds souverains norvégiens affichant d'excellents résultats financiers au profit des retraités du pays tout en ayant une stratégie résolue d'investissements éthiques et écologiques. Améliorer le pouvoir d'achat des futurs retraités sans faire peser une charge trop lourde sur le travail, assurer une meilleure répartition intergénérationnelle des efforts, investir à long terme dans l'économie française, réconcilier le travail avec les fruits du capital... : providence et prévoyance seraient enfin réunies au service de l'avenir des Français, pour le plus grand bonheur de Cicéron. Cette réforme de notre modèle social est l'un des grands nœuds politiques dont la France a le secret : chaque Français sent qu'elle est inévitable pour rendre au pays sa prospérité et son élan, mais une coalition d'intérêts persiste à en faire un psychodrame national. Si comparaison n'est pas raison, il aura fallu la légitimité historique du général de Gaulle pour trancher avec le soutien profond du peuple un nœud gordien comparable, totem français obérant l'avenir du pays : l'Algérie française. Éclairé sur les enjeux, le pays sait toujours puiser en lui le bon sens de son redressement.

Prenons à présent l'autre extrémité de la question démographique, la natalité. Elle est, qu'on le veuille ou non, un devoir d'État. Les dirigeants politiques ne sauraient évoquer sans hypocrisie l'avenir de la France sans s'intéresser au nombre de ses enfants. L'expression du président de la République Emmanuel Macron sur le « réarmement démographique » a suscité des remous pour son caractère martial, jugé décalé pour évoquer ce qui relève largement de la sphère intime. Elle marquait toutefois une légitime inquiétude d'ordre politique sur les perspectives du pays, dont la compétitivité économique et le modèle social reposent largement sur le renouvellement des générations. La France, qui a longtemps joui d'une fécondité enviée en Europe, est en train de rejoindre avec retard ses homologues du Vieux Continent dans leur lent déclin démographique. Avec 663 000 naissances en 2024 (soit – 2,2 % par rapport à 2023), la France compte plus de 21 % nouveaux enfants de moins qu'en 2010, année du dernier pic des naissances[29]. Cette décroissance traduit une baisse accélérée de la fécondité française, qui s'élève à 1,66 enfants par femme en 2024 contre 1,79 en 2022 et 2,03 en 2010. C'est le chiffre le plus bas depuis la Première Guerre mondiale. Dans ce contexte, quel sens donner à l'action publique ? Une notion peut lui servir de boussole : le « *fertility gap* », c'est-à-dire la différence entre le nombre d'enfants souhaité et le nombre d'enfants effectif. Car, le désir d'enfant est stable en France, autour de 2,4 par personne de plus de 15 ans, malgré le déclin du nombre d'enfants par femme[30].

Sans s'immiscer dans les choix intimes et le désir d'enfant des couples, la puissance publique a donc une tâche toute tracée : s'attaquer aux déterminants du « *fertility gap* » pour permettre aux Français d'avoir le nombre d'enfants qu'ils souhaitent. Les causes du « *fertility gap* » sont multiples :

hausse de l'âge moyen des mères au premier enfant, infertilité, déterminants économiques… Elles appellent par conséquent des mesures transversales. Loin de se résumer à des transferts financiers, une grande politique de la natalité est une politique globale de consolidation de la confiance des familles en l'avenir. C'est donc une politique agissant sur l'accès au logement (pour 60 % des parents, disposer d'un logement adapté est la première condition pour avoir un enfant), sur les modes de garde, sur le partage vie professionnelle/vie personnelle, sur la nature de l'emploi et la rémunération du travail, sur la santé et l'alimentation… C'est aussi une grande politique de la jeunesse, afin de permettre aux jeunes adultes d'entrer plus tôt dans la vie active, d'acquérir plus vite une autonomie financière et une stabilité professionnelle. Dans un pays qui a fait le choix de consacrer une part démesurée de sa richesse nationale à la vieillesse, le pari d'investir dans sa jeunesse serait le grand choix politique du siècle. À défaut, la France pourrait entrer à moyen terme dans ce que les démographes appellent le « piège de la basse fertilité » : une spirale infernale qui veut qu'un pays restant longtemps en dessous d'un certain seuil de fécondité soit pour toujours incapable de redresser sa démographie… Le pronostic vital de la Nation serait alors engagé. Il est pourtant encore temps d'agir.

Planifier ou libérer ? Ce débat sur le rôle de l'État a eu lieu en France à la fin de la Seconde Guerre mondiale. Il a abouti à la synthèse de la « planification à la française » et à l'État gaullien, « régime intermédiaire » entre la planification totale et le marché sans entrave. Cette synthèse est un défi toujours renouvelé, bousculée qu'elle est en permanence par les évolutions du monde, déséquilibrée qu'elle a été par le fondamentalisme de marché des années 1980-2000. Comme le résumait Raymond Aron en 1948 : « La tâche est de rendre viable le régime mixte qui, jusqu'à présent, ne l'est pas[31]. » L'État des années 2020-2030 ne peut plus être seulement *stratège*, c'est-à-dire sans force, ou *providence*, c'est-à-dire sans stratégie. Un nouveau « régime mixte » est à inventer : actif voire impérieux dans les domaines où les intérêts de long terme de la Nation sont engagés, y compris parfois dans la sphère économique, l'État doit plus que jamais libérer les entraves aux mutations du travail, chasser les rentes qui empêchent la modernisation du pays, donner aux intelligences les moyens de se déployer et restaurer l'équité intergénérationnelle. Cette nécessaire rénovation de l'action publique ne se pose plus dans les termes de 1945. Elle se fait à l'ombre de la grande crise du siècle : la grande dialectique entre *planifier* et *libérer* est bouleversée par le réchauffement climatique d'origine humaine, dont les caractéristiques imposent une révolution copernicienne dans l'art de gouverner et de concevoir les affaires de l'État.

CHAPITRE IV

Gouverner l'Anthropocène

$$C_t=\Sigma^{t}_{n=\alpha}p_n.[E_n-E^{\sim}_n].(1+h)^{t-n}$$

Formule de calcul de la dette climatique[1]

Le réchauffement climatique ralentit le temps. Littéralement. Depuis les années 1990, la fonte des glaces, en modifiant la répartition mondiale des fluides, ralentit la rotation de la Terre et contrebalance l'accélération naturelle du globe. Ce ralentissement pourrait affecter *in fine* le calcul du temps universel qui conditionne le bon fonctionnement des réseaux informatiques[2]. Un black-out de la civilisation moderne causé par un grand ralentissement climatique ? Si la perspective est angoissante, la métaphore est séduisante. Car la crise climatique induit aussi une crise du rapport du politique au temps. À l'ère de l'Anthropocène, c'est-à-dire de la prise de conscience que l'action humaine a un impact sur les grands équilibres climatiques et géologiques, l'art de gouverner est pris dans un étau entre la temporalité de l'« urgence climatique » et les longues durées de l'histoire naturelle. Alors que le temps politique se confondait traditionnellement avec le moyen terme de l'histoire des hommes, le défi climatique acte un nouvel écartèlement entre l'infiniment grand et l'infiniment petit du temps : il faut agir tout de suite pour prévenir des effets qui façonneront l'environnement terrestre pour les mille prochaines années, du fait de la dissipation lente des gaz à effet de serre émis aujourd'hui dans l'atmosphère[3]. Ce paradoxe est la clef du gouvernement de l'Anthropocène. Comme l'affirme le grand historien du climat Dipesh Chakrabarty : « Comprendre ce qu'est le changement climatique anthropique et la durée de ses effets demande de penser sur des échelles tout à la fois très grandes et très petites, y compris des échelles qui défient les mesures habituelles du temps qui informent les affaires humaines. C'est encore une raison qui rend difficile d'élaborer une politique d'ensemble du changement climatique[4]. »

Toute réflexion sur l'art de gouverner au XXIe siècle doit donc s'attarder sur la problématique du changement climatique, qui pose des questions inédites au Prince. Car le changement climatique n'est pas qu'une donnée, un objet de l'action politique qui n'aurait qu'à jouer sur des leviers de politique publique (remplacer des voitures thermiques par des voitures électriques par exemple) pour contrôler au mieux le thermostat mondial. Cette vision instrumentale de la lutte contre le changement climatique, qui se résumerait à un catalogue de « mesures » dans un cadre institutionnel, économique et social inchangé, est vouée à l'échec pour la simple et bonne raison que le changement climatique altère la nature même du politique. Le « grand déboussolement » découle en partie de ce constat vertigineux. À l'ère de l'Anthropocène, le gouvernement des hommes doit intégrer les intérêts d'un tiers absent depuis que la politique existe : la nature. Si la politique, la Cité, a été pensée depuis Aristote par opposition avec l'état de nature et comme une entreprise de civilisation des monstres, cette dichotomie traditionnelle vole aujourd'hui en éclats : par un pied de nez de l'Histoire, le stade ultime de la civilisation consistera à ouvrir les portes de la Cité pour y faire une place au monde naturel. Nulle sécurité, nulle souveraineté, nulle identité, nulle prospérité, nulle puissance pour l'Homme indépendamment de la qualité de son environnement. Telle est la grande leçon politique de l'Anthropocène.

La première conséquence de cette irruption de la nature en politique est la fragilisation des grands compromis forgés dans toutes les démocraties occidentales depuis la Seconde Guerre mondiale. Ces dernières ont bâti leur stabilité sociale et institutionnelle sur la combinaison entre un haut niveau de prospérité collective (permis par la mondialisation marchande et la construction de filets de sécurité sociale) et un haut degré de liberté politique dans le cadre de régimes représentatifs. La construction des institutions politiques occidentales peut ainsi se résumer par une longue quête de la maximisation de la richesse et de la liberté collectives. Or, la contrainte environnementale vient compliquer considérablement cette équation à deux inconnues : comment combiner la prospérité, la liberté et un impact sur la planète compatible avec la pérennité de nos civilisations modernes ? Cette question impose de reconfigurer des équilibres et des intérêts socio-économiques anciens qui ont certes contribué à la stabilité des démocraties mais ont aussi participé à hâter la dégradation de la planète. Alors que d'autres pays tentent d'intégrer la question écologique à leur modèle de civilisation, la construction d'un nouveau contrat social écologique est une grande tâche pour la France.

La deuxième conséquence de l'irruption de la nature en politique a trait au rôle de l'État et du droit. L'un et l'autre sont des outils qui ont permis à l'Homme de façonner la géographie, de conquérir l'espace, de domestiquer le temps. De l'émergence de la notion de domaine public en droit romain aux grandes politiques d'aménagement du territoire des années 1970, des grandes politiques forestières médiévales à la politique agricole commune, des stratégies publiques ont toujours essayé de trouver un équilibre entre exploitation et préservation des ressources naturelles. On peut même hasarder l'hypothèse suivante : avant de devenir l'outil moderne de garantie des droits et libertés des individus à la fin du XVIIIe siècle, la raison d'être de la puissance publique a été la maîtrise du territoire et de la nature sur le temps long. Il est tout à fait illustratif de cette thèse que la plus ancienne administration française avec le fisc soit l'administration des Eaux et Forêts. L'unification du territoire national et la construction de l'État moderne ont nécessité de la part du pouvoir royal l'établissement d'une administration et d'un droit spécialisés, chargés du contrôle, de la protection et de l'exploitation de la ressource forestière, indispensable à la richesse et à la pérennité du royaume. Cet équilibre entre intérêts publics et intérêts privés, entre intérêts du présent et intérêts du futur est en germe dans la fameuse ordonnance de Brunoy édictée le 29 mai 1346 par Philippe VI de Valois, dont l'article 4 dispose que « les maîtres des eaux et forêts enquerront et visiteront toutes les forez et bois et feront les ventes qui y sont, *en regard de ce que lesdites forez se puissent perpétuellement soustenir en bon estat* ». Cette politique de développement durable avant l'heure, prolongée par Colbert jusqu'à nos jours, illustre une vérité à retrouver : la raison d'être de l'État n'est pas que d'encadrer les conditions de la liberté individuelle et d'assurer la justice sociale. À l'ère du changement climatique, cette vision libérale et sociale de l'intérêt général, héritée du siècle dernier, est désormais datée. L'État doit assumer à nouveau une politique volontariste d'aménagement du territoire et de gestion des ressources et des communs dans la durée. Pour cela, il doit s'en redonner les moyens intellectuels, humains et politiques ou risquer l'obsolescence.

Enfin, il est une conséquence politique du changement climatique dont on parle peu mais qui mérite pourtant une place de choix dans le débat public. Au-delà des événements climatiques extrêmes (incendies, inondations, tempêtes...) qui se multiplient, une transformation moins spectaculaire mais tout aussi puissante est à l'œuvre sous nos yeux. Peu à peu, le changement climatique est en train de modifier la nature même de notre environnement proche, quotidien, autrefois familier. Les historiens Fernand Braudel[5] et Emmanuel Le Roy Ladurie[6] ont montré à quel point l'identité des Nations et des individus a été façonnée dans la durée par les paysages, les climats, les terroirs. Or, le dérèglement climatique implique une altération progressive, à l'échelle d'une vie d'homme, des composantes de notre identité nationale et intime. Je fais l'hypothèse que percevoir année après année la perte de biodiversité près de chez soi, le changement des essences d'une forêt que l'on aime, la disparition de paysages, d'animaux et d'insectes familiers sera profondément traumatique pour les générations qui habitent et habiteront la Terre durant ce siècle. Les conséquences politiques de ce traumatisme, qui n'est pas encore clairement exprimé, ne sont pas évidentes : moteur pour l'action écologique ou énième carburant de la fièvre populiste ? L'histoire n'est pas encore écrite. Mais une chose est certaine : il y a une équivalence très nette entre la préservation de notre environnement et la préservation de ce que nous sommes, à la fois en tant que peuple mais aussi en tant qu'individus. L'écologie est aussi – et peut-être surtout – une affaire d'identité nationale. Changer pour rester nous-mêmes : le vieil aphorisme du *Guépard*[7] n'a pas pris une ride et devient une véritable injonction de gouvernement à l'ère de l'Anthropocène.

Le retour en force de l'État aménageur : adapter la Nation aux effets du dérèglement climatique

La temporalité de l'urgence climatique a longtemps été « apocalyptique », celle d'une catastrophe toujours imminente mais jamais présente. Cette posture intellectuelle occulte une évidence que tout gouvernement doit désormais prendre en considération : les effets du dérèglement climatique sont déjà là. L'Anthropocène n'est plus une hypothèse : il est manifeste que le réchauffement climatique a des effets concrets sur notre environnement et sur nos vies. 2024 a été l'année la plus chaude jamais enregistrée et, de façon significative, la première année au cours de laquelle la moyenne des températures mondiales a dépassé de 1,5 °C celle de l'ère préindustrielle, seuil symbolique fixé par l'accord de Paris en 2015*. Du fait de la longue durée de vie de certains gaz

* L'accord de Paris de 2015 fixe l'objectif de limiter le réchauffement mondial nettement en dessous de 2 °C par rapport à l'ère préindustrielle et de poursuivre nos efforts pour ne pas dépasser 1,5 °C.

à effet de serre dans l'atmosphère, le climat du monde en 2050 est déjà globalement connu. Nous sommes en quelque sorte déjà en retard sur l'avenir. Dans ses derniers rapports, le groupe d'experts intergouvernemental sur l'évolution du climat indique que le réchauffement global atteindra 2 °C dans les années 2050 et que les politiques mondiales mises en place impliquent un réchauffement mondial médian de 3,2 °C en 2100. Ce scénario mondial conduira, pour la France, à un réchauffement de 4 °C à l'horizon 2100. Ce chiffre est une médiane : il induit des écarts de température majeurs en fonction des saisons et des composantes du territoire national. Cette trajectoire de réchauffement, validée par les scientifiques et endossée par l'administration, est une bonne façon de réintégrer le temps du réchauffement climatique au temps du politique. À cet horizon d'une à deux générations, il est possible de planifier et de préparer les choses et les hommes. 2100, c'est demain.

Cette préparation de la Nation aux effets du dérèglement climatique est la mission de la puissance publique. Au XXIe siècle, l'adaptation au changement climatique est une compétence régalienne de l'État. Le ministre de la Transition écologique et de la Cohésion des territoires Christophe Béchu (2022-2024) ne s'y est pas trompé en pilotant personnellement l'élaboration de la première grande stratégie publique sur le sujet, le Plan national d'adaptation au changement climatique, dévoilé par le Premier ministre Michel Barnier en octobre 2024. La première dimension de cette écologie régalienne à construire est évidemment la protection des populations. Les 1 672 catastrophes climatiques enregistrées en Europe par l'Organisation météorologique mondiale de 1970 à 2019 ont provoqué la mort de près de 160 000 personnes et entraîné des pertes économiques s'élevant à 476,5 milliards de dollars. Les catastrophes enregistrées sont dues principalement aux crues (38 %) et aux tempêtes (32 %), mais ce sont les canicules qui ont été à l'origine du plus grand nombre de morts (93 %), avec 148 109 victimes au cours du demi-siècle. À mesure que la température du globe s'élève du fait de l'activité humaine, ces événements climatiques extrêmes sont appelés à s'intensifier. En Espagne, les grandes inondations de l'automne 2024 dans la région de Valence ont constitué un traumatisme national, avec plus de deux cents disparus. En France, les grands feux au nord de la Loire de 2022, les inondations dans la vallée de la Vésubie et le Pas-de-Calais de 2023-2024 ou encore le cyclone Chido qui a durement frappé Mayotte fin 2024 ont marqué une véritable prise de conscience de la fragilité de notre modèle de prévention et d'indemnisation. En ce qui concerne la prévention et l'intervention sur les sinistres climatiques, force est de constater que le modèle français consacre une césure entre les acteurs de l'anticipation et de la prévision, placés sous l'autorité du ministre de la Transition écologique (Météo France, Institut national de l'information géographique et forestière, Direction générale de la prévention des risques...) et les acteurs de la gestion de crise, placés sous l'autorité du ministre de l'Intérieur (Direction générale de la sécurité civile et de la gestion des crises, notamment). Décloisonner ces deux typologies d'acteurs et les placer sous une seule autorité politique devrait être une priorité pour créer un modèle intégré d'anticipation, de prévention, de gestion et de résilience face aux crises climatiques sur le temps long. Un secrétariat d'État à la résilience climatique et à la gestion des crises, placé sous la double autorité des ministres de l'Écologie et de l'Intérieur, pourrait être un pas en ce sens. Je détaillerai plus bas la nouvelle gouvernance administrative et politique du climat dans laquelle cette proposition pourrait s'inscrire.

Au-delà de l'anticipation et de la protection des populations, l'État doit retrouver une vision, une pratique, une doctrine de l'aménagement du territoire, de son développement, de sa mise en valeur et de sa protection sous tension climatique. C'est une nécessité environnementale mais surtout une urgence économique et sociale. Il est probable que le changement climatique prépare l'apparition des « bassins miniers » du XXIe siècle, des territoires en déprise, victimes cette fois non plus d'une « casse sociale » mais d'une « casse climatique » : des régions comme la moyenne montagne, les zones agricoles fortement dépendantes de cultures à haute valeur ajoutée (vignobles du Bordelais ou climats de Bourgogne) ou les zones touristiques frappées par une sécheresse chronique (Pyrénées-Orientales) connaîtront, à l'échelle du demi-siècle, des chocs sociaux et économiques majeurs liés à l'évolution du climat. Quelques chiffres pour montrer le caractère vertigineux des bouleversements à venir : en Europe, les Alpes ont perdu près d'un mois d'enneigement ces cinquante dernières années et, d'après Météo France, si les concentrations de gaz à effet de serre restent élevées, la neige aura quasiment déserté la moyenne montagne à l'horizon 2100. Que deviendront alors les stations, l'économie de la neige et les milliers de personnes qu'elle fait vivre ? Le département des Pyrénées-Orientales a quant à lui connu vingt-deux mois déficitaires en précipitations depuis début 2022, occasionnant une sécheresse historique en durée et en intensité, la plus sévère depuis les premiers enregistrements qui datent de 1959. Cette sécheresse chronique frappe le tourisme mais aussi l'agriculture locale, certaines exploitations ayant choisi d'introduire en France la culture des pistachiers, plus adaptés aux terres arides. Le secteur agricole est en effet le premier concerné par la menace de casse environnementale : les rendements agricoles mondiaux sont structurellement affaiblis par les évolutions du climat (-25 % entre 1961 et 2006), et chaque épisode extrême (sécheresse ou excès de précipitation) induit des baisses de productivité agricole importantes : pour la seule sécheresse de 2022, le Haut Conseil pour le climat estime cette chute de productivité à 10,5 % pour les récoltes céréalières et 29 % pour le fourrage par rapport à la moyenne quinquennale. Je pourrais multiplier les exemples des mutations rapides du territoire national qui percutent d'ores et déjà notre vie économique, agricole, touristique : recul du trait de côte, inondations, évolution des paysages et des terroirs, dépérissement accéléré de la forêt française. Face à l'accélération de l'histoire climatique, certains s'organisent déjà : sous l'impulsion d'élus et d'acteurs du territoire, la station de moyenne montagne de Métabief, dans le Jura, a par exemple pris un virage historique en préparant la fin du ski alpin à l'horizon 2030-2035 et en pensant son avenir dans l'« après-neige ».

Les initiatives locales, aussi innovantes et pertinentes soient-elles, ne suffiront pas face à l'ampleur du défi climatique. L'État aménageur doit assumer, à nouveau, ses responsabilités propres dans la reconversion et l'accompagnement des territoires. À l'échelle de la grande histoire de l'aménagement du territoire français, nous sommes sur le point d'entrer dans une époque « pompidolienne » à l'envers. Je m'explique : l'ambition aménageuse des années 1970, sous l'impulsion politique de Georges Pompidou et de son entourage, grâce à la puissance administrative de la fameuse Délégation interministérielle à l'aménagement du territoire et à l'action régionale (Datar), a donné naissance au TGV, au réseau autoroutier moderne, à la mission Racine (mission d'aménagement touristique du littoral du Roussillon) ou encore au Plan Neige (aménagement des stations de ski modernes). Si Georges Pompidou avait une véritable fibre environnementale, cet âge d'or des infrastructures et de l'aménagement touristique qui a façonné la France moderne a été pensé sans anticiper la contrainte environnementale qui se resserre aujourd'hui sur notre pays. Et force est de constater que la France héritée des années 1970 est particulièrement vulnérable face au choc climatique. Après s'être retiré depuis des années de l'aménagement du territoire national, l'État des années 2020-2030 doit retrouver une grande ambition en la matière pour assurer la reconversion difficile de certains territoires vers des modèles de développement plus soutenables et mieux adaptés au climat futur.

Comment ? Là encore, s'inspirer du passé tout en prenant en compte les impératifs du présent : dans une France décentralisée et face à l'asymétrie du choc climatique (ses impacts diffèrent significativement en fonction des territoires), le retour à l'approche centralisée de la Datar, pour séduisant qu'il soit, ne semble pas adapté. Alors que l'objectif historique de l'aménagement à la française était de rééquilibrer « Paris et le désert français », l'aménagement du XXIe siècle doit être déconcentré, partenarial, territorial : chaque situation est unique et appelle des solutions spécifiques. En ce sens, je crois qu'il faut appliquer à cette politique, plus qu'à toutes les autres, la logique d'« agence de mission », limitée dans le temps et dans l'espace, que j'ai décrite au chapitre précédent comme nouveau mode d'action publique : pour chaque territoire fragile ou en reconversion, une structure publique animée par l'État et associant les acteurs publics et privés pertinents du territoire serait en charge de la mise en œuvre d'un plan de résilience climatique, avec un véritable pouvoir de direction, d'expérimentation, le cas échéant de dérogation (en matière d'urbanisme par exemple), permettant d'atteindre ses objectifs[8]. Contrepartie de leur pouvoir administratif exorbitant, le mandat de ces agences d'aménagement et de résilience serait limité dans le temps : une fois leurs objectifs atteints, elles auraient vocation à disparaître. Une révolution dans la culture administrative française, où le temporaire devient souvent permanent. Mais les spécificités de la crise climatique imposent de jongler avec les temporalités et les géographies : à la longue durée de la stratégie doit répondre le sur-mesure, dans le temps et l'espace, de la mise en œuvre.

Construire l'État-providence écologique du XXIe siècle

L'État-providence a-t-il une origine écologique ? Dans son monumental ouvrage *Les Métamorphoses de la Terre*, l'historien britannique Peter Frankopan estime que le vote de la première loi sur les pauvres dans l'Angleterre élisabéthaine, en 1598, fut fortement lié au contexte de « petit âge glaciaire » prévalant alors en Europe : ayant occasionné une crise agricole, des famines ainsi qu'une hausse de la pauvreté et du vagabondage, il aurait nécessité l'adoption de l'un des premiers filets de sécurité sociale modernes[9].

Issus d'un long développement historique et de principes formalisés au XIXe siècle, les mécanismes de l'État-providence contemporain permettent d'apporter des réponses à plusieurs questions soulevées par la crise climatique. Que cette crise s'envisage sous l'angle du risque (hausse de la sinistralité due aux événements climatiques extrêmes comme les inondations ou les sécheresses), de la justice sociale (avec la nécessité maintes fois répétée depuis la crise des gilets jaunes d'une « transition juste ») ou d'une simple question de transfert intergénérationnel de ressources (résumée par la notion de « dette climatique » supportée par les générations futures), l'État-providence fournit des outils pertinents pour y faire face. La mission historique de ce dernier a été d'assurer, à tous les âges de la vie, la sécurité des personnes face aux risques qu'ils rencontrent. La grande question politique du XXIe siècle devient alors la suivante : comment adapter ce mode de mobilisation et de redistribution des ressources collectives dans le temps pour faire face au plus grand risque rencontré par l'Humanité ? Comment construire l'État-providence du XXIe siècle, dont la dimension environnementale sera évidemment une composante essentielle, tant les notions de risque social et de solidarité ne peuvent plus être pensés indépendamment de la crise climatique ? Comment financer cette extension du domaine de la solidarité nationale dans un contexte déjà ancien de « crise de l'État-providence[10] » ?

Prenons d'abord la mission originelle de l'État-providence : libérer les personnes du risque, réduire le champ de l'incertitude, donner aux citoyens une visibilité sur leur avenir. En France, sa mise en place s'est concrétisée par la création de la Sécurité sociale visant à mutualiser la couverture de risques individuels (santé, vieillesse, famille, emploi, logement, pauvreté, exclusion sociale, dépendance). Or, le risque collectif que représente le changement climatique se concrétise de plus en plus en de nombreux risques individuels dont le niveau d'occurrence, autrefois exceptionnel, est devenu proprement systémique, justifiant des mécanismes pérennes de solidarité nationale. C'est notamment le cas des événements climatiques extrêmes. Au niveau mondial, les pertes économiques associées à des événements climatiques extrêmes en 2022 ont été estimées à 275 milliards de dollars, dont seulement 45 % sont couverts par l'assurance[11]. Aux États-Unis, les assureurs se retirent de la couverture de certains États fortement frappés par des catastrophes naturelles comme la Californie, la Louisiane ou la Floride. La France, qui concentre 14 % des événements naturels très graves recensés en Europe entre 1900 et début 2022 (premier rang européen, peloton de tête mondial), n'est pas épargnée : les coûts d'indemnisation de dommages liés à des aléas climatiques se sont élevés à 10,6 milliards d'euros en 2022, soit 0,4 % du PIB, sous l'effet conjugué de phénomènes intenses de grêle et d'une sécheresse d'ampleur inédite depuis quarante ans[12]. En moyenne, la charge de sinistres du marché français a triplé depuis la fin des années 1980. Pour l'avenir, les travaux sur les conséquences du changement climatique sur le coût des catastrophes naturelles en France à l'horizon 2050 concluent à une hausse attendue de la sinistralité climatique comprise entre 47 et 85 %, en tenant compte de l'effet du climat et de l'impact de l'accroissement des valeurs assurées[13]. L'augmentation du niveau des dommages annuels est particulièrement marquée du fait du phénomène de retrait-gonflement des argiles, qui concerne plus de 10,4 millions d'habitations individuelles en France[14]. En rythme de croisière, le dérèglement climatique se traduirait par un coût de dommages annuels moyens supérieur à trois milliards d'euros à l'horizon 2050, au titre du seul régime d'indemnisation des catastrophes naturelles. Le coût de l'impréparation climatique d'aujourd'hui deviendra colossal au milieu du siècle.

Depuis le début des années 1980, la France dispose d'un modèle original et mutualisé d'assurance des risques de catastrophes naturelles qui a permis, à la différence du modèle libéral des États-Unis, de rendre accessible la couverture assurantielle sur l'ensemble du territoire national. Toutefois, l'équilibre financier de ce modèle est aujourd'hui menacé par la hausse de la fréquence et de l'intensité des risques climatiques. Comme en matière de santé publique, le point faible du système actuel est la prévention, qui au-delà de générer des économies massives sur le long terme, permet de diffuser une véritable culture du risque dans la société. L'État-providence écologique doit donc d'abord incarner une ambition renouvelée en matière de prévention et de protection du risque climatique. Cela passe notamment par une réforme du fonds de prévention des risques naturels majeurs, mieux connu sous le nom de « fonds Barnier* », dont seul 6,4 % du montant a servi en 2023 à la réalisation de travaux de prévention climatique par des particuliers. Et pour cause : le fonds Barnier est aujourd'hui centré sur les projets des collectivités territoriales et ne dispose pas

* Du nom de son concepteur, Michel Barnier, ministre de l'Environnement à la date de sa création en 1995 et Premier ministre de septembre à décembre 2024.

des capacités administratives pour apprécier et traiter la situation des ménages. La création d'une véritable caisse de prévoyance et de prévention du risque climatique, financée en partie par les surprimes d'assurance (prévoyance) et en partie par l'impôt (prévention), devrait permettre de donner à la politique d'adaptation au changement climatique à la fois une nouvelle dimension sociale, une solidité financière dans la durée et une capacité d'instruction plus fine et plus territorialisée au sein de la sphère publique.

Prenons à présent l'autre facette de l'État-providence : assurer la justice sociale *via* des mécanismes de redistribution. Cette fonction rejoint, en matière environnementale, la nécessité d'assurer une « transition juste », c'est-à-dire de mettre en place des dispositifs de soutien aux plus vulnérables sur le chemin vers des modes de vie moins carbonés. Sur ce point, la priorité doit être de mettre fin à la grande hypocrisie de la fiscalité environnementale et de trancher enfin le nœud gordien du prix du carbone. Un nombre incalculable de travaux économiques ont montré depuis les années 2000 que le prix du carbone et le verdissement de la fiscalité sont des instruments à la fois efficaces pour changer les comportements et respectueux de la liberté de choix des agents privés quant aux moyens utilisés pour réduire leurs émissions. Toutefois, un nombre tout aussi important de travaux démontre que les effets sur le pouvoir d'achat de l'éco-fiscalité incitative sont généralement régressifs, l'effort demandé aux ménages modestes ou à certains groupes particuliers étant relativement plus élevé qu'aux ménages aisés. Cette forme d'injustice a été à l'origine de la crise des gilets jaunes, dont l'une des conséquences a été d'entraîner un gel de la taxe carbone française, coup d'arrêt préjudiciable à notre effort climatique. L'égalité au détriment de la liberté, vieux dilemme français... À ce défaut principal du prix du carbone s'ajoute une autre question d'acceptabilité politique, l'État étant souvent accusé de nourrir le puits sans fond de son budget général avec la recette des écotaxes.

La réponse à ces deux limites d'une trajectoire de taxe carbone ambitieuse est simple : il faut permettre à la puissance publique de redistribuer les recettes de la fiscalité environnementale aux agents économiques *via* des transferts directs de pouvoir d'achat aux ménages et des subventions aux entreprises. Concrètement, cela signifierait aménager le principe constitutionnel de non-affectation budgétaire pour permettre à l'État de verser à chaque Français un « revenu climat » universel alimenté par la taxe carbone[15]. L'empreinte carbone des individus étant corrélée à leur niveau de vie, ce revenu serait fortement redistributif et bénéficierait par définition davantage aux classes populaires. Le signal incitatif du prix du carbone serait préservé tout en ajoutant un étage à notre modèle social : « fin du monde » et « fin du mois » trouveraient ainsi un début de réconciliation, tout comme les logiques de marché et de planification[16].

Si ce dernier terme est devenu en quelques années un véritable slogan de la réflexion politique sur la gouvernance de la transition écologique, j'ai essayé de montrer dans le chapitre précédent en quoi il charrie une somme de nostalgies et fantasmes qui affaiblissent sa portée pratique et nourrissent son ambiguïté politique. Quand Jean-Luc Mélenchon et Emmanuel Macron proposent tous deux en 2022 d'instaurer une « planification écologique », ils ne convoquent ni le même imaginaire, ni les mêmes mécanismes. À cette notion qui me semble anesthésier le débat sur les outils de la transition et le cantonner à une opposition stérile entre les vertus respectives du dirigisme et du marché, je propose donc de substituer une ambition plus classique et plus concrète : étudier la gouvernance actuelle de la transition écologique en France et lui apporter les réformes nécessaires pour changer en profondeur le logiciel de l'action publique à l'ère de l'Anthropocène.

Administrer la transition écologique

En France, la gouvernance de la transition écologique est récente à l'échelle de l'histoire de l'État, et encore en construction. Le ministère de la Transition écologique dans sa forme actuelle a moins de vingt ans. Malgré de nombreux changements de nom, de périmètre, de titulaires, l'organisation publique de la transition écologique n'a toujours pas atteint une maturité administrative et politique qui permettrait de déployer une action pleinement efficace et coordonnée. Cette mécanique administrative n'est pas qu'une question de détail : si elle peut sembler roborative et de peu d'importance, elle est en réalité cruciale. Car au-delà de la personnalité placée à sa tête, la force d'un ministère dans l'appareil d'État, la qualité de ses agents, la puissance de son réseau déconcentré, l'étroitesse de ses relations avec la société civile déterminent largement sa capacité à remporter des arbitrages et à impulser le changement. L'organisation de l'État en général et de l'administration de la transition écologique en particulier n'est jamais qu'une question d'intendance. C'est une question politique noble et décisive qui doit être mûrement réfléchie car elle engage l'avenir de la Nation et conditionne l'efficacité de nos politiques climatiques.

Revenons brièvement sur l'histoire de la gouvernance de la transition écologique en France. Premier acte fondateur : la création en janvier 1971 du ministère de l'Environnement sous l'impulsion de Georges Pompidou et Jacques Chaban-Delmas. Son premier titulaire, Robert Poujade, le nommera bien vite le « ministère de l'impossible », tant il apparaissait – et apparaît toujours ! – traversé de contradictions administratives et politiques. Être en charge de la protection de la nature et des paysages, de l'eau et des risques naturels ou industriels pendant la période de développement industriel, d'étalement urbain et d'âge d'or des infrastructures des Trente Glorieuses n'avait rien d'une sinécure. Deuxième acte : la création en 2007 par Nicolas Sarkozy d'un grand ministère de l'Écologie et du Développement durable par la fusion de deux départements ministériels historiquement distincts, l'Environnement et l'Équipement. Ce dernier ministère était lui-même l'héritier de celui de la Reconstruction et de l'Urbanisme créé en octobre 1944 par le Gouvernement provisoire de la République française. Si cette fusion a permis de renforcer le poids de l'administration de la transition écologique dans l'appareil d'État, elle a aussi exacerbé les contradictions internes entre services ayant des cultures, des missions et des objectifs parfois antagonistes. Troisième acte : la création en 2022 du Secrétariat général à la planification écologique (SGPE), organisme interministériel placé sous l'autorité du Premier ministre, dont la mission est de coordonner l'élaboration et la mise en œuvre des stratégies environnementales du pays. Deux mouvements de fond accompagnent ces évolutions de périmètres ministériels : le premier est l'« agenciarisation » de l'action environnementale de l'État, avec la création d'une multitude d'opérateurs sous tutelle du ministère de la Transition écologique (on en compte une centaine en 2024) détenant chacun une partie des leviers nécessaires à la mise en œuvre des politiques environnementales[17] ; le second est l'intégration des enjeux écologiques dans l'ensemble des départements ministériels, le dernier exemple en date étant la création en 2023 d'une sous-direction consacrée à la transition écologique au sein de la puissante direction générale du Trésor du ministère de l'Économie.

L'organisation héritée de ce demi-siècle de réformes administratives n'est pas satisfaisante pour plusieurs raisons. D'une part, elle méconnaît la nature de la crise climatique, qui pose en réalité à l'action publique trois défis liés mais distincts : le défi de la réduction des émissions de gaz à effet de serre, qui impose de décarboner notre mix énergétique, nos usages et notre base productive ; celui de la protection de la biodiversité, dont l'attrition massive est à la fois bien documentée et peu débattue dans le débat public ; celui de l'adaptation de notre pays aux effets du dérèglement climatique, qui est une question régalienne d'aménagement du territoire et de protection des populations. Ces trois défis sont de nature différente et sollicitent des leviers distincts de politique publique. D'autre part, le ministère de la Transition écologique demeure un ministère faible dans l'appareil d'État : pris en étau entre le ministère de l'Agriculture et le ministère de l'Économie, dont les intérêts sont clairs et les logiques anciennes, il peine souvent à faire entendre sa voix. Enfin, la construction d'une superstructure interministérielle comme le SGPE, qui visait précisément à renforcer le poids de l'écologie dans le fonctionnement de l'État, a en réalité dépossédé un peu plus le ministère de la Transition écologique de ses fonctions stratégiques et ajouté une strate administrative de coordination (souvent confondue en France avec la planification) dont l'existence même dénote toujours une forme d'inefficacité générale dans l'organisation de l'État.

Répondre au défi climatique sur le temps long impose donc la mise en place d'une nouvelle organisation publique. Premier enjeu de cette réorganisation, évoqué plus haut : préparer notre pays aux effets du dérèglement climatique. Pour ce faire, le ministère de la Transition écologique devrait devenir un ministère de la Résilience climatique, de l'Aménagement du territoire, de la Protection de la biodiversité et de la Forêt. Il redeviendrait un grand ministère du temps long, du monde physique, du vivant, de la planification territoriale, des paysages. Il aurait pour mission de préparer et d'assurer la résilience du pays face aux événements climatiques extrêmes, l'aménagement du territoire national pour faire face au climat futur, la préservation de la ressource en eau, la mise en œuvre des stratégies de protection de la biodiversité et d'exploitation durable de la forêt.

Un mot sur la forêt, tant le sujet est crucial. La politique forestière est la plus ancienne politique de long terme qui soit : elle est aussi ancienne que l'État[18]. Comme l'affirmait le comte de Martignac lors de la présentation à la Chambre du premier code forestier en 1827 : « La conservation des forêts est l'un des premiers intérêts des sociétés, et par conséquent l'un des premiers devoirs des gouvernements. Tous les besoins de la vie se lient à cette conservation. » Longtemps placée sous tutelle du ministre de l'Agriculture, après avoir été une prérogative historique des Finances, la forêt française n'est pas qu'un enjeu économique. Elle regroupe d'ailleurs à elle seule tous les enjeux environnementaux : protection de la biodiversité, adaptation au changement climatique, atténuation des émissions de gaz à effet de serre (elle représente l'essentiel du « puits de carbone » national par sa capacité à absorber le CO_2), et même gestion durable de la ressource en eau (les forêts sont cruciales au bon déroulement du cycle de l'eau). Or, la forêt française est aujourd'hui en grand péril. La mortalité des arbres est en hausse de 80 % depuis dix ans et, désormais, près de 670 000 hectares (4,1 % de cette forêt) dépérissent[19]. Ce phénomène touche particulièrement certaines essences : le volume de frênes morts entre 2015 et 2018 a été multiplié par deux, plus de 10 % des châtaigniers ont été décimés à cause du chancre et 5 % des épicéas ont déjà disparu[20]. Cette mortalité accélérée a des conséquences sur notre trajectoire de baisse des émissions de gaz à effet de serre : la capacité de séquestration de carbone de la forêt française a diminué de moitié en dix ans, passant de plus de 60 MtCO2/an en 2010 à 30 MtCO2/an en 2019[21]. La préservation de la qualité de notre forêt est donc un enjeu écologique majeur, trop souvent ignoré, qui devrait figurer dans tous les programmes politiques. C'est aussi un enjeu de résilience de long terme car les essences plantées aujourd'hui devront être capables de supporter le climat de 2100. Cet impératif – penser dès aujourd'hui la forêt de demain – n'est pas neutre en matière de physionomie de notre pays et donc d'identité nationale. Dans mon département, la Dordogne, le chêne et le châtaignier ont façonné l'identité locale depuis des siècles, au point que l'épaisse forêt Barade est presque un personnage à part entière du fameux roman d'Eugène Le Roy, *Jacquou le Croquant*. Leur disparition serait un traumatisme majeur pour la population. Enfin, une grande politique de la forêt imposera de remettre en question certains tabous et d'entamer une réflexion sur la protection juridique des communs : la dichotomie ancienne des régimes juridiques entre forêt privée et forêt publique a-t-elle par exemple encore un sens à l'ère de la crise climatique ? Pour toutes ces raisons, la forêt doit aujourd'hui être placée sous la responsabilité d'un grand ministère de la Résilience climatique, qui ne devra pas, c'est une évidence, occulter son importante dimension économique et énergétique[22].

Le deuxième grand enjeu climatique de long terme est évidemment la poursuite de la diminution de nos émissions de gaz à effet de serre dans la durée et la reconfiguration de notre économie vers un modèle visant à réduire les émissions de carbone et sobre en ressources. Cet objectif doit être réalisé sous trois contraintes : contrainte sociale, contrainte budgétaire et contrainte liée au caractère limité et stratégique des ressources rares nécessaires à une économie bas carbone. La seule structure ayant à la fois la puissance administrative de faire avancer un ambitieux agenda de décarbonation et la capacité d'intégrer nativement ces contraintes est, en France, le ministère de l'Économie. On peut le déplorer, mais c'est ainsi. C'est donc Bercy qui devrait être pleinement en charge de l'atténuation de nos émissions de gaz à effet de serre, incluant notre stratégie énergétique, le développement d'une économie circulaire moins dispendieuse en ressources et les économies d'énergie. C'est le choix qu'a fait en Allemagne le gouvernement de coalition d'Olaf Scholz (2021-2024) en créant un puissant ministère fédéral de l'Économie et de la Protection du climat placé en 2021 sous la direction du vice-chancelier écologiste Robert Habeck. Confier la totalité de la baisse des émissions du pays au ministère de l'Économie peut sembler contre-intuitif ; c'est pourtant la garantie que cette dimension sera structurellement intégrée à la stratégie française de réindustrialisation mais aussi à la construction du budget de la Nation.

Ce dernier point est l'une des clefs du gouvernement de la transition écologique : le futur ministère de l'Économie et du Climat doit être autant intéressé à gérer la dette écologique de la France que sa dette publique, aussi prompt à maîtriser sa trajectoire budgétaire que son budget carbone. Pour cela, trois outils puissants peuvent être mobilisés. D'une part, une révolution de la comptabilité nationale est nécessaire. La comptabilité nationale, créée entre les années 1930 et 1960 pour servir de support théorique au Plan, est une représentation globale, détaillée et chiffrée qui permet de connaître l'économie nationale et donc de piloter l'action économique de l'État. À ce jour, l'environnement y est négligé alors que sa destruction a un impact majeur sur le bien-être national. Mettre en place une comptabilité nationale écologique est donc une condition *sine qua non* pour donner à la puissance publique une capacité de piloter finement la transition écologique du pays. Concrètement, elle consisterait à traduire la dette environnementale de la France, exprimée de manière biophysique en tenant compte par exemple de la dégradation des milieux aquatiques, en dette monétaire exprimant les coûts de préservation ou de restauration du capital naturel impacté. Mesurée et monétisée, la dette écologique de la France pourrait enfin être intégrée aux grands choix de politique économique et budgétaire de la Nation[23].

Deuxième outil : donner une valeur au carbone et hiérarchiser les politiques publiques en fonction de leur « rentabilité environnementale » par rapport à cette valeur. C'est ce qu'on appelle, en langage économique, le « coût d'abattement environnemental ». Celui-ci permet de rapporter le coût d'une solution de décarbonation aux émissions de CO_2 évitées, de comparer les différentes options entre elles, secteur par secteur et pour différents horizons de temps, et donc d'établir des priorités d'action[24]. Un seul exemple : en 2020, le coût d'abattement d'un véhicule électrique était d'environ 250 €/ tonne de CO_2 évitée. Ce coût devrait baisser d'ici 2030 et passer sous la valeur que la collectivité donne aux actions qui contribuent à la réduction des émissions, appelée « valeur de l'action pour le climat » : il est donc socialement désirable de remplacer des véhicules thermiques par des véhicules électriques. Cette méthode, qui permet de concilier sérieux budgétaire, vision de long terme et efficacité écologique, devrait être généralisée et pleinement intégrée à la construction du budget de l'État, pourvu que la valeur tutélaire du carbone fasse l'objet d'un vrai débat démocratique. J'ajoute que le débat sur la valeur du carbone n'est pas propre à la puissance publique : il concerne aussi les entreprises, qui sont de plus en plus nombreuses à se doter d'un « prix interne » du carbone pour orienter leurs choix d'investissements futurs en adéquation avec les objectifs de l'accord de Paris[25]. Cette démarche devrait être généralisée afin d'intégrer le futur climatique aux politiques d'investissement des entreprises et accélérer la transition de notre modèle vers une économie sobre en carbone.

Enfin, la fusion progressive des logiques comptables, budgétaires et environnementales au sein de l'État imposera une véritable révolution administrative, comparable à celle de l'après-guerre qui a vu la création de l'Insee en 1946 et un âge d'or de la direction générale du Trésor sous le directorat de François Bloch-Lainé de 1947 à 1952 : l'appareil bureaucratique et statistique de l'État devra être capable de calculer des coûts d'abattement environnementaux, d'estimer des tonnes de CO_2 évitées, d'évaluer une dette climatique pour mieux éclairer le Parlement dans le vote du budget et orienter l'action publique. Le ministère de l'Économie et du Climat parlera avec autant de facilité le langage du déficit public que celui du CO_2. Les organismes de contrôle budgétaire et financier de l'État auront eux aussi vocation à intégrer puissamment cette dimension environnementale, qui deviendra totalement inséparable de l'évaluation des politiques publiques et de la bonne gestion des deniers publics : la Cour des comptes, contrôleur financier de l'État, qui abrite notamment le Haut Conseil des finances publiques, aura aussi vocation à héberger le Haut Conseil pour le climat. Les termes *écologie* et *économie* partagent la même racine grecque, *oikos*, qui signifie « la maison, le domaine » : en faire une seule et même discipline, un seul acte de gouvernement, va dans le sens de l'histoire humaine.

Penser la puissance à l'ère de la crise climatique

Si les enjeux environnementaux sont désormais inséparables des logiques économiques, ils structurent également de plus en plus les rapports de puissance. L'Anthropocène inaugure non seulement une nouvelle ère géologique mais aussi une nouvelle époque stratégique. La rivalité sino-américaine peut ainsi s'analyser comme une compétition pour la suprématie dans le monde post-carbone. D'un côté, la « civilisation écologique » chinoise est une grande stratégie globale qui combine autoritarisme environnemental et contrôle social de la population, leadership industriel sur les technologies vertes (voitures électriques, panneaux solaires...) et mise en place d'un réseau mondial de maîtrise des ressources minières stratégiques, nécessaires à la transition écologique, dans les pays du Sud global. À cette stratégie répond la politique industrielle verte des États-Unis, pourtant premier exportateur mondial d'énergies fossiles, qui ont mis en place avec l'IRA des subventions massives pour dominer les industries décarbonées, quitte à affaiblir l'économie de son allié européen. C'est l'une des leçons du début de cette « guerre verte » mondiale, qui est en cela éminemment classique : les effets de bord de la compétition des puissances seront les plus dangereux pour ceux qui restent aux marges du nouvel ordre écologique mondial.

Dans ce contexte, le concept de « puissance écologique » a fait son apparition dans le lexique politique pour caractériser l'*aggiornamento* idéologique nécessaire de la part des Européens pour penser l'écologie dans un environnement géopolitique dégradé[26]. Cette notion repose sur trois idées. D'une part, les questions écologiques sont devenues des questions de sécurité nationale, tant par les effets délétères du choc climatique sur nos sociétés que par les nouveaux rapports de domination qui se tissent dans le monde post-fossile en construction. Penser la transition écologique, c'est penser l'avenir de la souveraineté dans un monde moins habitable et structuré par de nouvelles dépendances. D'autre part, la guerre en Ukraine est l'exemple d'une opposition frontale entre une puissance fossile, la Russie, et son plus grand consommateur, l'Europe. Construire l'indépendance énergétique de l'Europe, par la sobriété et la décarbonation, est une façon de soutenir cette compétition dans la durée. L'écologie est devenue une arme de guerre au XXIe siècle. Enfin, les rivalités géopolitiques imposent un changement de logiciel douloureux pour l'Europe et pour la France, qui a été à l'avant-garde de la diplomatie climatique depuis le succès de la COP21 : le processus des COP internationales subit la crise du multilatéralisme et leur rendement politique décroît face aux logiques de puissance qui restructurent l'ordre mondial. Si la coopération internationale demeure essentielle dans l'atteinte des objectifs climatiques mondiaux, on ne peut occulter le fait que les rapports de force et des logiques d'influence et de contrainte seront des instruments tout aussi nécessaires. Dans une logique de « guerre verte » et d'emballement du thermostat mondial, l'engagement réciproque des deux « super grands » pollueurs du monde, la Chine et les États-Unis, deviendra de plus en plus critique au milieu du siècle. L'orientation fossile des États-Unis de Donald Trump, dont le premier acte a été de déserter à nouveau la diplomatie climatique, pourrait pousser l'Europe et la France à nouer de nouvelles alliances vertes avec des puissances engagées dans un agenda de décarbonation, comme l'Inde et le Brésil, voire la Chine. L'ambition climatique est un facteur de recomposition géopolitique. Au-delà de cette logique coopérative, plus la part des Européens dans les émissions mondiales deviendra faible, plus l'enjeu deviendra pour eux de mobiliser des leviers politiques et économiques pour contraindre d'autres pays, notamment les champions de l'économie fossile, à tendre vers la neutralité carbone.

Le premier de ces leviers de la puissance écologique repose sur la souveraineté en ressources énergétiques et minières dans le monde post-fossile. C'est une réalité physique : l'Europe restera durablement dépendante de l'extérieur, à la fois en matière énergétique et de ressources minières critiques. La guerre en Ukraine a forcé les Européens à revoir précipitamment leur stratégie énergétique pour s'affranchir de la dépendance au gaz russe. Non planifiée, cette réorientation a renforcé l'étau sino-américain autour de l'Union européenne, avec à court terme un choix à opérer entre le gaz américain et les panneaux solaires chinois. Ce contexte renforce la stratégie française de relance du nucléaire, qui apparaît plus que jamais comme un gage d'indépendance, et étaye les arguments de la France en faveur du traitement de l'industrie nucléaire à quasi-neutralité avec les sources d'énergie renouvelables au niveau européen. Mais si l'échelon européen est le plus pertinent pour construire une souveraineté énergétique, notamment *via* les interconnexions, les États membres de l'Union demeurent maîtres de leur mix énergétique. Or, aucune convergence en la matière n'est envisageable à moyen terme. Après trente années d'errance de sa politique énergétique, cette réalité impose à la France de penser de façon autonome, cohérente et durable sa propre stratégie et d'en faire une priorité, en même temps qu'une ligne rouge, de son engagement européen.

Cette nécessité de se projeter dans le temps long de la maîtrise des ressources est aussi valable pour déployer une vraie stratégie minière. Dans le nouveau grand jeu des minerais stratégiques, la Chine part avec une longueur d'avance grâce à l'importance de ses propres ressources, une politique d'approvisionnements diversifiés et des capacités de raffinage et de transformation sans équivalent dans le monde. Les États-Unis tablent quant à eux sur leur proximité politique avec les géants mondiaux de l'extraction minérale que sont le Canada et l'Australie. L'Europe, elle, doit trouver son propre chemin vers une sécurisation de ses approvisionnements miniers en développant l'exploitation sur son territoire, des capacités souveraines de recyclage et de nouvelles alliances avec les pays producteurs. Une fragilité tient à son absence de « major » minière après des décennies de désinvestissement : alors qu'elle abordait l'ère du pétrole avec les plus grandes entreprises du secteur, l'Europe entre dans l'âge des minerais sans aucun groupe figurant dans les cinquante premières entreprises minières du monde. Le projet avorté en 2014 de Compagnie nationale des mines de France aurait pu doter notre pays d'un acteur public de la prospection minière. Si la France dispose de quelques acteurs privés de rang européen et d'un savoir-faire public concentré au sein du Bureau de recherches géologiques et minières, elle devrait œuvrer à la consolidation d'un acteur national puissant, prélude à des coopérations industrielles européennes de dimension mondiale. Comme souvent, la Commission européenne a pris le sujet des matières stratégiques sous l'angle des objectifs, de la norme et du financement. Comme souvent, cette approche est insuffisante sans un volontarisme national puissant pour faire émerger un acteur souverain de taille critique.

Au-delà de la maîtrise des ressources, le deuxième levier de la puissance écologique consiste à intégrer la dimension environnementale dans les rapports de force commerciaux et les outils d'aide au développement. Le mécanisme d'ajustement carbone aux frontières européen, entré en vigueur en octobre 2023, fait partie de ce type d'instrument. Il vise à soumettre les produits importés dans le territoire douanier de l'Union européenne à une tarification du carbone équivalente à celle appliquée aux industriels européens fabriquant ces produits. Autre exemple de cette logique, le règlement « déforestation » du 31 mai 2023 permet à l'Europe de forcer ses partenaires commerciaux à s'engager dans une gestion durable de la forêt : l'Union européenne était responsable de 16 % de la déforestation mondiale par le biais de ses importations agricoles (notamment soja et huile de palme), dorénavant seuls les produits garantis sans déforestation pourront entrer sur le marché européen. L'initiative française sur l'*ultra fast fashion** du printemps 2024 participe de ce mouvement général vers plus de conditionnalité environnementale : sous l'impulsion du ministre de la Transition écologique et de la Cohésion des territoires d'alors, Christophe Béchu (2022-2024), la France a mis en place un système de pénalisation des géants chinois de la mode et du textile proposant des centaines de milliers de références différentes fabriquées dans des conditions sociales et environnementales désastreuses. Votée à l'unanimité à l'Assemblée nationale, la proposition de loi pénalisant l'*ultra fast-fashion* a permis à une coalition écologique d'un type nouveau d'émerger : si la gauche de l'hémicycle a été convaincue par la dimension écologique du projet, la droite y a vu un instrument de patriotisme économique susceptible de protéger les dernières marques de textile français. Le philosophe du climat Pierre Charbonnier analyse ce nouveau type de convergence écologique dans son ouvrage *Vers l'écologie de guerre* :

* L'*ultra fast fashion* (ou mode ultra rapide) désigne un segment de l'industrie textile caractérisé par la confection et le renouvellement extrêmement fréquent des collections, dont l'impact environnemental est particulièrement important.

> Alors que l'effort demandé par les écologistes à l'industrie et aux consommateurs pour atténuer le choc climatique était habituellement codé du côté libéral comme une contrainte lourde, incertaine, encombrante, ce même effort désormais requalifié en question de sécurité internationale, de subversion de la tyrannie et, d'une certaine manière, de patriotisme, devient subitement non seulement acceptable, mais activement recherché[27].

Ainsi prise sous l'angle de la puissance, l'écologie peut cesser de devenir un instrument de division pour susciter un consensus politique comparable à celui qui prévaut traditionnellement, en France, sur les questions de défense.

Agir sur le climat, l'illusion technologique ?

La troisième dimension de la puissance écologique impose de s'intéresser aux pratiques émergentes de manipulations météorologiques et de géoingénierie, dont les logiques sont originellement d'ordre militaire. La géoingénierie englobe l'ensemble des techniques visant à intervenir sur le système climatique de façon corrective (amoindrir le rythme du réchauffement planétaire en modifiant les rayonnements solaires par exemple) ou curative (réabsorber une partie des émissions de CO_2). Les manipulations météorologiques, bien que souvent confondues avec la géoingénierie dans le discours public et médiatique, concernent des interventions plus immédiates et localisées, telles que l'ensemencement des nuages pour influencer les précipitations sur un lieu spécifique[28]. La France y a régulièrement recours à des fins agricoles. Certaines puissances, qui voient dans la géoingénierie une alternative à la décarbonation de leur économie, investissent massivement dans la recherche et n'hésitent pas à pratiquer des essais réels. Le gouvernement américain a par exemple annoncé en 2022 un plan quinquennal de recherche sur le sujet. Des expérimentations ont déjà eu lieu en 2019 en Alaska (déploiement de microsphères de verre sur la glace arctique) et, secrètement, dans la baie de San Francisco en avril 2024 (injection d'aérosols). Les scientifiques alertent pourtant sur le coût financier et énergétique très élevé des techniques de géoingénierie, sur l'imprévisibilité de leurs impacts sur les cycles climatiques et écologiques, ainsi que sur les tensions géopolitiques qu'elles sont susceptibles de provoquer entre des pays partageant les mêmes bassins atmosphériques : l'Iran a par exemple accusé Israël et les Émirats arabes unis de « voler les nuages » en 2018, accusation réitérée en 2024 à l'encontre de la Turquie[29]. Aucune gouvernance internationale formelle, robuste et complète n'existe à l'heure actuelle pour encadrer la recherche, les tests ou la décision de déployer à grande échelle des techniques de géoingénierie. Si un traité datant de la guerre froide, la Convention ENMOD de 1977[30], interdit à ses soixante-seize États parties d'utiliser des techniques de modification de l'environnement à des fins militaires et – plus largement – hostiles, la France ne l'a jamais signé afin de préserver sa politique nationale de dissuasion nucléaire. La maîtrise de la géoingénierie doit-elle se traiter dans les enceintes diplomatiques dédiées au désarmement, héritées de la guerre froide, qui ont leur propre logique, dans les grand-messes climatiques internationales, qui ont la leur, ou dans un format *ad hoc* adapté aux nouvelles réalités de la compétition écologique et de la « guerre verte » ? En développant sa recherche sur ces sujets, tout en défendant un moratoire international et en participant à inventer le bon format diplomatique pour gouverner la géoingénierie, la France prendrait une initiative conforme à ses intérêts de long terme et à ceux du monde.

Le réchauffement climatique d'origine humaine impose de revisiter en profondeur nos instruments de gouvernement. Les notions autrefois familières à l'homme d'État et au politiste – État-providence, politique économique, pouvoir régalien, aménagement du territoire, puissance – sont en train de changer de nature sous l'influence de la crise climatique. Notre génération est celle qui devra faire entrer l'État dans ce nouvel âge d'action publique et forger de nouvelles boussoles adaptées à l'irruption de la nature en politique. Le faire en évitant les deux logiciels datés des vieilles séductions dirigistes et des tenants de l'efficacité pure et parfaite du marché est un grand défi politique. L'avenir de la prospérité de notre pays dans un monde habitable en dépend. Plus encore, c'est sa capacité à renouveler les fondements de sa puissance dans un contexte de compétition globale pour la domination dans le monde post-fossile qui est en jeu. Pour défendre ses intérêts et ses valeurs sur une planète en fusion, la France doit se donner les outils intellectuels d'une puissance du XXIe siècle et se doter d'une grande stratégie adaptée à son temps.

CHAPITRE V

S'orienter dans un monde en fusion. Quelle grande stratégie internationale pour la France ?

« Hélas ! Serons-nous toujours en retard sur tout ? »

Paul Reynaud, 4 février 1938

« Privée d'efficacité démocratique », la France des années 1930 fut un pays où « les hommes furent plus faibles que la fatalité ». Il faut (re)lire *La Décadence*, du grand historien des relations internationales Jean-Baptiste Duroselle. Retraçant l'histoire de la politique étrangère de la France entre 1932 et 1939, l'auteur y montre avec éclat à quel point la faiblesse à l'intérieur (déclin économique et démographique, retard technologique, blocage démocratique, court-termisme politique…) prépare toujours l'abîme à l'extérieur[1]. La trajectoire historique de la France, hantée depuis un siècle par la perspective de son déclin, la conduira-t-elle à connaître un nouveau péril existentiel au XXIe siècle ? La combinaison entre la dégradation rapide de son environnement stratégique, l'attrition des fondamentaux économiques et sociaux de sa puissance et l'incertitude pesant sur son avenir politique et institutionnel peut le laisser craindre. En affirmant dans son discours de la Sorbonne du 25 avril 2024 que l'Europe était mortelle, le président de la République Emmanuel Macron a fait acte de lucidité et a inscrit dans un temps court le sursaut nécessaire : « C'est aujourd'hui que se joue la question de la paix et de la guerre sur notre continent et de notre capacité à assurer notre sécurité ou pas[2]. » Par une étrange ellipse, le chef de l'État n'a pas expliqué les conséquences de l'engagement du pronostic vital de l'Europe sur celui de la France. Ils sont pourtant indissociables. Dans un monde marqué par l'accélération de la crise climatique, le retour de la guerre sur le continent européen, la rivalité sino-américaine, la crise des institutions internationales et les ruptures technologiques, la France risque de subir à moyen terme des chocs inédits sur sa sécurité, sa prospérité et sa cohésion sociale. Le ministre des Armées Sébastien Lecornu a résumé la nature du péril : « L'un des risques aujourd'hui pour la France est d'être défaite sans être envahie[3]. » Face au spectre de la défaite qui la hante depuis 1940, la France doit puiser dans une rénovation de son rapport à elle-même et aux autres les ressources pour tracer sa voie dans l'affolement du monde. Cela passe par la construction d'une « grande stratégie » sur le temps long, conforme à ses intérêts, à ses valeurs et à l'état de ses forces.

Issu de la pensée stratégique anglo-saxonne, le concept de « grande stratégie » correspond pour un État « à la capacité de construire un projet de puissance [...], à une mise en cohérence de l'ensemble des moyens pour éviter la guerre, tout en disposant des ressorts moraux et matériels pour la gagner si elle advenait[4] ». En d'autres termes, la grande stratégie est la façon dont un État est capable d'articuler ses moyens militaires et non militaires (économiques, technologiques, énergétiques, sociaux...) pour défendre ses intérêts sur le temps long. Les grandes puissances du monde se sont dotées de grandes stratégies plus ou moins formalisées. La Chine a clairement exprimé son objectif de devenir la première puissance mondiale en 2049, pour le centenaire de la République populaire de Chine. Elle s'en donne les moyens économiques, technologiques et militaires en mobilisant un appareil de planification et de contrôle social de plus en plus élaboré. Les États-Unis entendent défendre leur rang par un investissement massif dans leur souveraineté industrielle et énergétique, la capacité de leur complexe techno-militaire à demeurer à la frontière technologique et, depuis la réélection de Donald Trump, une offensive brutale pour reconfigurer idéologiquement l'ordre libéral qu'ils ont eux-même créé, sans égard pour les alliés d'hier. La « politique étrangère pour les classes moyennes[5] » de Joe Biden avait en outre théorisé le lien devenu indissociable pour les démocraties occidentales entre leurs ambitions internationales et leur cohésion sociale. En démocratie, il ne peut pas y avoir de stratégie de puissance sans le soutien du peuple, même implicite, à ses objectifs et à la vision du monde qu'elle défend. Or, si la prospérité de l'après-guerre a permis de créer les conditions d'un consensus fort autour de l'internationalisme libéral dans les pays occidentaux, ces derniers, et singulièrement la France, se trouvent aujourd'hui devant un constat dérangeant : alors qu'ils ont été les grands bénéficiaires de l'ordre mondial libéral créé après la Seconde Guerre mondiale, il existe de moins en moins de consensus politique en leur sein pour le défendre. En d'autres termes, alors que l'intérêt de la France est objectivement la conservation de l'ordre établi, qui lui a assuré sécurité, rente diplomatique et prospérité économique depuis des décennies, des partis populistes révisionnistes aux portes du pouvoir ont fait de la remise en cause de ses stratégies d'alliance, de son engagement européen et du système international libéral le cœur de leur projet international. La France ne saurait élaborer de stratégie sur le temps long si elle ne parvient pas à reconstruire de consensus politique et social sur la nature de ses intérêts, de ses valeurs et de ses alliances au XXIe siècle.

Cette redéfinition de la stratégie française doit intervenir dans un contexte où toutes les lignes de force de sa politique étrangère depuis 1945 sont remises en question. Premièrement, alors que la France a œuvré depuis la Seconde Guerre mondiale à l'avènement d'un monde multipolaire à la fois par réalisme et par idéologie, le multilatéralisme est aujourd'hui directement affaibli, de manière différente, par le comportement de trois membres permanents du Conseil de sécurité : la Russie, la Chine et les États-Unis. La géopolitique mondiale s'organise toujours davantage autour de la confrontation entre ces deux dernières puissances, qui lui subordonnent leur politique commerciale, climatique et militaire. Deuxièmement, la construction européenne reposait pour la France sur une certitude : la réconciliation entre le vaincu de 1940 et celui de 1945 permettrait de garantir la paix et la prospérité de l'Europe, tout en assurant un relais de puissance pour la France. Le décrochage économique de la France par rapport à l'Allemagne depuis le début des années 2000, les divergences franco-allemandes sur la politique méditerranéenne, la crise migratoire de 2015, les questions énergétiques et financières ou le rapport aux États-Unis et à la Chine ont remis en question cette dynamique européenne malgré le volontarisme d'Emmanuel Macron. Contrairement à ce qu'elle a longtemps pensé en liant son influence européenne à son statut de puissance militaire et nucléaire, la France ne retrouvera son rôle moteur européen qu'en restaurant sa puissance économique, sa santé financière et sa stabilité politique. Troisièmement, la concomitance entre le retour de la guerre sur le continent européen depuis février 2022 et la série de coups d'État ou de dénonciations d'accords de défense* ayant considérablement affaibli sa présence militaire en Afrique pousse la France à revoir rapidement et profondément sa dialectique entre diplomatie et outil militaire. Alors que ce dernier avait été construit dans une optique de sanctuarisation du territoire national par la force nucléaire et d'interventions ciblées dans l'espace post-colonial, il doit désormais s'adapter aux caractéristiques du « troisième âge nucléaire[6] » et à un nouveau modèle de conflictualité de haute intensité combinant exigence technologique et retour de la masse comme déterminant de la puissance militaire.

La reconfiguration de la stratégie française ne peut pas ignorer les grandes dynamiques de transformation du système international, façonné chaque jour un peu plus par la crise climatique et la numérisation du monde. Ces deux lignes de

* Dernier pays du Sahel à abriter des forces françaises, le Tchad a annoncé le 28 novembre 2024 sa volonté de dénoncer unilatéralement l'accord de sécurité et de défense le liant à la France suivi par le Sénégal, puis, le 31 décembre 2024, par la Côte d'Ivoire, pilier du dispositif français en Afrique de l'Ouest.

transformation favorisent l'émergence de nouveaux modèles de puissance et structurent la rivalité sino-américaine. Sur le plan écologique, on l'a vu, la « civilisation écologique » chinoise promeut un modèle de décarbonation fondé sur la coercition à l'intérieur et le contrôle des ressources de l'économie mondiale post-fossile à l'extérieur ; avec l'IRA de Joe Biden, les États-Unis ont fait le choix de la politique industrielle verte, suscitant en réponse un vaste mouvement de protectionnisme chez leurs alliés. Sur le plan numérique, les « capitalismes de surveillance » chinois et américain sont sortis renforcés de la crise sanitaire de la Covid-19. Les grandes plateformes numériques façonnent désormais la compétition cognitive mondiale comme des trous noirs : elles aspirent les intelligences du monde, créant une nouvelle géopolitique centrifuge des talents, tout en dégradant l'espace public par les manipulations de l'information qu'elles permettent. Mais leur impact est aussi physique : comme celle du pétrole, la géopolitique du numérique est une géopolitique des infrastructures (*data centers*, câbles, supercalculateurs, universités de rang mondial…) et des ressources (terres rares…).

Ces nouveaux modèles de puissance écologique et numérique ne sont pas qu'une révolution stratégique. Ils questionnent en profondeur les principes qui fondent le projet démocratique. C'est un certain rapport à la liberté politique, à la souveraineté populaire, à la dialectique entre l'individu et le collectif, à la dignité de l'être humain qui est en cause à l'ère de l'Anthropocène et de l'intelligence artificielle. Les démocraties doivent inventer un modèle qui concilie réussite écologique, innovation technologique et logique de puissance, sans renier leurs valeurs. Si elles échouent, d'autres leur imposeront leur vision de l'avenir. En Europe, la France peut être à l'avant-garde de cette refondation politique si elle s'en donne les outils intellectuels et investit dans ses dispositifs de prévoyance. Cela commence par réévaluer son rapport au monde en puisant dans sa culture stratégique les outils pour penser le monde lucidement et y déployer une politique étrangère conforme à son génie et à ses intérêts. Dans un monde redevenu « westphalien* », c'est dans son héritage réaliste que la France trouvera la boussole pour poursuivre son destin.

Réalisme à la française

Qui sommes-nous ? Que défendons-nous sur la scène internationale, et pourquoi ? Toute réflexion stratégique devrait commencer par répondre à ces questions simples. Elles imposent de se plonger dans la tradition diplomatique de notre pays et de déceler, par-delà les soubresauts de sa longue histoire, les invariants, les lames de fond et, parfois, les paradoxes qui irriguent toujours notre vision du monde. Avant de prétendre façonner le monde, il faut se connaître soi-même. Or, l'identité stratégique française est complexe et oscille en permanence entre universalisme et réalisme, débat souvent réduit aujourd'hui à la querelle des « néo-conservateurs » et des « gaullo-mitterrandiens[7] ». Après une grande stratégie fondée sur la « politique de grandeur » initiée par le général de Gaulle, la France aurait succombé

* Du nom des traités de Westphalie (1648) qui ont consacré le principe d'un système égalitaire interétatique en Europe (« ordre westphalien ») et de relations de puissance qui ont longtemps structuré l'ordre international.

à l'engagement libéral à partir des années 1990, qui persisterait de nos jours. Toutefois, faire débuter notre culture stratégique en 1958 est une erreur. L'identité diplomatique française a des racines beaucoup plus profondes qui remontent au moins au début du XVIIe siècle, moment de l'histoire de France qui vit se cristalliser les premiers vrais débats publics de politique étrangère autour de la notion de « raison d'État ». Celle-ci donnera naissance à l'école réaliste française, plus ancienne encore que les célèbres traditions de la *Realpolitik* allemande et anglo-saxonne. Cette école se heurtera au fil des siècles à l'autre grand courant de la personnalité internationale de la France, fille aînée de l'Église, puis patrie des Lumières et enfin championne des droits de l'Homme, prétendante à l'empire universel. À l'heure du retour de la puissance, c'est ce réalisme à la française qu'il faut réhabiliter : il contient des outils intellectuels précieux pour s'orienter dans le monde dangereux et westphalien du XXIe siècle.

J'ai retracé ailleurs[8] la généalogie complexe du réalisme français en politique étrangère, dont l'historiographie n'est, hélas, pas aussi fournie que son homologue anglo-saxonne. Une grande histoire du réalisme à la française reste encore à écrire. Celui-ci prend ses racines à l'âge classique et ses pères furent des hommes habitués à tenir aussi bien la plume que l'épée : des ministres (Richelieu, Mazarin), des capitaines (Rohan), des diplomates (Béthune) – en un mot, des praticiens de la raison d'État formés dans la période troublée qui s'étendit des guerres de religion à la Fronde et qui avaient un souvenir douloureux et personnel des déchirements religieux qui avaient ravagé la France. Ils eurent l'expérience intime d'un intérêt déjà national, ou en tout cas fortement « patriote », transcendant les clivages confessionnels. Comme l'affirme le grand diplomate réaliste américain Henry Kissinger, dont l'admiration pour le cardinal de Richelieu est connue :

> La formulation la plus précoce en date et la plus totale de cette nouvelle approche vint de la France, l'un des premiers États-nations d'Europe. [...] Le principal agent de cette politique fut un prince de l'Église : Armand Jean du Plessis, cardinal de Richelieu. [...] Il vulgarisa la notion de raison d'État et l'appliqua avec persévérance au profit de son pays. Sous son égide, la raison d'État se substitua à la vieille notion médiévale de « valeurs morales universelles » comme principe opérant de la politique de la France[9].

Cette nouvelle politique emporte dès l'origine des conséquences concrètes. Premièrement, si la boussole de la politique étrangère est la défense de l'intérêt national, ce dernier ne peut être interprété que par le souverain qui n'est plus que « la raison calculatrice personnifiée ». Toute politique étrangère réaliste doit donc être fondée sur une étude fine des réalités politiques et géographiques des différents États : le genre littéraire dit « des anatomies » de l'Europe, lesquelles constituent les premières formes d'analyse des relations internationales en tant que telles, se développe rapidement dans la première moitié du XVIIe siècle pour éclairer le Prince dans sa constante réinterprétation de l'intérêt national. Cette exigence de lucidité vaut d'abord pour soi : l'âge classique voit l'expansion des tableaux de chiffres et des mémoires, précurseurs des statistiques publiques, pour comptabiliser la puissance de l'État. La raison d'État est, en d'autres termes, nourrie par la connaissance scientifique du monde, quand la politique des valeurs chrétiennes prenait appui sur la foi en des impératifs communs. La raison fit ainsi son entrée en politique internationale en même temps qu'elle irriguait tous les champs de la connaissance : Richelieu et Galilée furent d'exacts contemporains et menèrent dans leurs domaines respectifs l'entrée de l'Occident dans la modernité. Deuxièmement, le jeu des intérêts implique un ordre international fondé sur l'équilibre (la « balance ») des puissances, celui d'une mécanique des particularités contre une dilution dans l'universel de l'empire chrétien. Quel que fût le type d'ordre international dans lequel dut se déployer la politique extérieure française, de l'équilibre westphalien à la logique bipolaire en passant par l'Europe des concerts, les réalistes français s'inscrivirent dans une logique de mécanique des puissances. L'importance des alliances, dans cette optique, fut une constante depuis Richelieu. Tout en respectant – parfois – les procédures et les codes des différents systèmes internationaux, ils recherchèrent – toujours – « les contrepoids plus que jamais nécessaires aux Français[10] ». La nécessité de l'équilibre fut une ligne de force du réalisme français depuis quatre siècles, la condition ultime de la sécurité d'une puissance devenue, en termes relatifs, de plus en plus moyenne.

Ces principes furent mis en pratique par Richelieu et ses continuateurs à l'âge classique, par les doctrinaires menés par Guizot sous la monarchie de Juillet, par la République « opportuniste » de Gambetta dans les années 1880 ou encore les stratèges de la IIIe République comme Delcassé, Hanotaux, Poincaré, Barthou… Leur héritage politique, peu connu, est à redécouvrir. Au XXe siècle, c'est la politique étrangère gaullienne qui renoua le fil de cette tradition réaliste en revendiquant explicitement cette filiation. L'architecture de sécurité collective de l'après-guerre ne fut ainsi, dans l'esprit de De Gaulle, qu'une forme mondialisée du concert des puissances dont les mécanismes devaient être classiquement utilisés au service des intérêts de la France. Henry Kissinger se souvient du mépris du Général pour l'esprit, les procédures et le vocabulaire du nouvel ordre mondial libéral :

> Depuis Richelieu, les initiatives [de la France] avaient invariablement découlé de l'évaluation des risques et profits. Issu de cette tradition, de Gaulle s'inquiétait moins de la nature des mécanismes de consultation que d'accroître sa marge de manœuvre en cas de désaccord imprévu. Pour lui, des relations saines entre nations dépendaient de calculs d'intérêts, non de procédures formelles pour régler les querelles. Il ne voyait pas l'harmonie comme un état naturel, mais comme quelque chose qu'il fallait arracher au conflit[11].

Selon le mot de l'historien des relations internationales Maurice Vaïsse, la France renoua ainsi sous le général de Gaulle avec sa politique traditionnelle d'« anti-hégémonisme », quitte à froisser l'allié américain. Car malgré son respect constant de la solidarité occidentale, de Gaulle était avant tout un pragmatique, qui n'hésitait pas à changer d'orientation stratégique pour promouvoir les intérêts de la France : au mémorandum Eisenhower-Macmillan proposant un directoire à trois en 1958 succèdent la réconciliation franco-allemande de 1963, puis le voyage à Moscou de 1966…

La grammaire et les principes de la raison d'État ont fait l'objet, depuis les années 1990 et la période de l'engagement libéral, d'une « étrange ellipse » qui a conduit, selon l'historien

Thomas Gomart, à une véritable « difficulté d'intégrer les intérêts nationaux au discours et à la conduite de la politique étrangère sous Nicolas Sarkozy et François Hollande[12] ». Le discours d'entre-deux-tours du candidat Nicolas Sarkozy en 2007 fut en ce sens éloquent : « Je veux être le président de la France des droits de l'Homme. Je ne crois pas à la *Realpolitik* qui fait renoncer à ses valeurs sans gagner des contrats [...] Chaque fois qu'une femme ou qu'un enfant est martyrisé dans le monde, la France doit se porter à ses côtés[13]. » Emmanuel Macron a rompu avec ses prédécesseurs en exprimant dès 2017 un sentiment d'urgence géopolitique et en soulignant le retour du « tragique de l'Histoire ». Cette lucidité du verbe présidentiel face à la dégradation de l'environnement stratégique de la France s'est accompagnée d'un réel investissement intellectuel et politique dans la définition d'une « Europe puissance », qui a obtenu des résultats concrets, comme l'Initiative européenne d'intervention en matière militaire, ou des avancées en matière de politique industrielle. Mais ces résultats, réussites comme échecs, ont été obtenus sur la base d'un héritage politique national au rendement décroissant, sans véritable réinvention du logiciel stratégique français. Or, c'est ce dernier qui commande *in fine* l'influence de la France en Europe et dans le monde et, en dernier ressort, la capacité du pays à assurer sa propre sécurité. Le volontarisme européen de la France ne peut être séparé d'une grande entreprise de redressement national, au risque de tourner à vide. Pour construire la grande stratégie française du XXIe siècle, reposant sur un diagnostic réaliste de ses forces, de ses faiblesses et de ses intérêts, plusieurs nœuds gordiens restent encore à être tranchés.

Les nœuds gordiens stratégiques de la France

Le premier a trait au choix séculaire entre la puissance et la sécurité de la France. Placée à l'extrémité occidentale du continent européen, la France s'est toujours efforcée de concilier à la fois une politique continentale et une ambition maritime. Elle se retrouve aujourd'hui confrontée à un dilemme historique entre sa puissance, essentiellement ultramarine, et sa sécurité, avant tout territoriale. À l'heure du retour de la guerre en Europe, ce dilemme devient une question existentielle, qui ne doit pas être éludée au prétexte que la France bénéficie de son « parapluie nucléaire ». Aujourd'hui comme hier, le risque est grand que la dissuasion dispense de la réflexion. Le fait est que la supériorité militaire conventionnelle de la France est questionnée y compris à ses frontières, en Méditerranée occidentale, par des puissances agressives comme la Turquie ou développant des stratégies de déni d'accès comme l'Algérie. Au cœur des intérêts de sécurité de la France, la Méditerranée est en outre remise au cœur du grand jeu global des puissances avec la guerre au Levant déclenchée par l'attaque terroriste du 7 octobre 2023. Cette double réalité – guerre en Europe et guerre en Méditerranée – impose sans doute de réexaminer la géographie militaire française dans son espace post-colonial et à l'est de Suez à l'aune d'une vision actualisée de ses intérêts. Ce questionnement conduira probablement à un arbitrage entre les exigences de sa sécurité et sa capacité à assumer concrètement ses ambitions de puissance mondiale, notamment en Afrique et dans la zone indopacifique. L'effacement accéléré de la présence militaire française sur le continent africain qui referme, dix ans seulement après son intervention réussie au Mali, une parenthèse séculaire de sa projection de puissance, montre que si la France ne fait pas elle-même des choix forts sur la nature de ses intérêts, elle subira ceux des autres. De ces décisions dépendront l'avenir du format de son outil militaire et l'orientation durable de sa diplomatie. Comme le rappellent les historiens Maurice Vaïsse et Jean Doise : « Personne n'ose toucher à la politique militaire héritée du général de Gaulle. Mais pour rester vraiment fidèle à ses idées, la France – face aux changements de la stratégie internationale – ne doit pas mettre sa diplomatie au service de sa défense, mais bien au contraire garder comme principe que les armées sont faites pour servir la politique des États[14]. »

Le deuxième nœud gordien apparaît dans la notion d'autonomie stratégique européenne. Depuis son élection, Emmanuel Macron a affiché de fortes ambitions dans ce domaine, sans pour autant lever les ambiguïtés constitutives de cette notion. La Revue stratégique de défense et de sécurité nationale de 2017 souligne la nécessité de construire une autonomie stratégique européenne tout en réaffirmant la volonté de préserver une autonomie stratégique nationale : « La France doit conserver sa capacité à décider et à agir seule pour défendre ses intérêts[15]. » Or, là encore, il peut exister un arbitrage entre ces deux niveaux d'autonomie stratégique. En matière d'industrie de défense, par exemple, il ne faut pas dissimuler les craintes réelles de voir l'effort de mutualisation européen se traduire par une diminution des capacités opérationnelles de la France, dont la base industrielle de défense est historiquement tirée vers le haut par la dissuasion nucléaire. Il existe à ce sujet une continuité historique, depuis le Front populaire, entre gouvernements de gauche et de droite sur le lien entre sauvegarde de l'outil industriel national et autonomie stratégique de la France, notamment dans sa capacité à mettre en place rapidement une « économie de guerre ». En matière opérationnelle, force est de constater que les interventions militaires françaises des dernières années ont principalement été élaborées et conduites dans le cadre du P3 (États-Unis, Royaume-Uni, France) plutôt que dans le cadre européen. Entre le renforcement de l'alliance Aukus[16] dont elle est exclue et les divergences stratégiques de fond avec l'Allemagne qui empêchent toute coopération militaire sérieuse, la France traverse en réalité une période de « solitude stratégique » qui devrait la pousser à prioriser la recherche de nouveaux formats politico-militaires pragmatiques et efficaces sur la construction d'une autonomie stratégique européenne ambiguë et lointaine en matière de défense.

Cette solitude stratégique est renforcée par la réélection à la présidence des États-Unis, en novembre 2024, de Donald Trump, dont les premiers pas ébranlent la solidarité occidentale d'une manière inédite depuis 1945. Dans ce contexte, le troisième nœud gordien stratégique de la France réside dans son rapport à l'Occident comme bloc politique et alliance militaire formalisée dans l'OTAN, qui a été une constante jamais sérieusement remise en cause de son engagement international. Avec cette question existentielle : dans la recomposition du monde, la France est-elle avant tout une puissance occidentale ou une puissance moyenne ? Alors qu'elle s'est longtemps rêvée en meilleure alliée des États-Unis et a vu dans le G7 une façon de s'afficher dans le club des grandes puissances occidentales, la brutalité du nouveau Président américain la met au défi de rechercher de nouveaux partenaires pour assurer sa sécurité face à une nouvelle « mort cérébrale » de l'OTAN. Outre son engagement européen, son statut de puissance moyenne pourrait la conduire à opérer des rapprochements nouveaux avec des puissances comparables d'Europe et du Sud global, et à investir davantage le G20, format plus approprié pour façonner les équilibres du monde qu'un G7 durablement fragilisé par l'unilatéralisme américain. Sans cette diversification géopolitique, la solidarité occidentale sous Donald Trump pourrait se changer en une alternative lourde de conséquences pour notre pays : la soumission ou l'effacement.

Le quatrième nœud gordien réside enfin dans la question de l'avenir du multilatéralisme dans un contexte d'affaiblissement séculaire de l'Occident. Membre permanent du Conseil de sécurité, la France a été un grand bénéficiaire du système international issu de la Seconde Guerre mondiale. Elle est donc aussi l'un des pays qui ont le plus à perdre du délitement de l'ordre international fondé sur le respect de la règle de droit, la liberté des échanges et le règlement pacifique des différends. Tant ses valeurs que sa sécurité sont en jeu. Face au blocage des institutions multilatérales mondiales, au premier rang desquelles figure l'Organisation des Nations unies, la France a fait le choix d'investir dans une « diplomatie de forums » tous azimuts dont la créativité n'a d'égal que le rendement politique décroissant. Or, le déclin de l'ordre international libéral est moins une question d'efficacité procédurale que de rapport de force face à des puissances révisionnistes qui n'en partagent ni les valeurs fondatrices, ni les fins. Depuis le 24 février 2022 et le déclenchement de la guerre en Ukraine, ce rapport de force s'est changé en conflit armé ouvert qui a valeur de test ultime de la capacité des démocraties à défendre par la force le droit international et les principes de la Charte des Nations unies face à un membre permanent du Conseil de sécurité. En d'autres termes, l'avenir du multilatéralisme se joue davantage sur les bords du Dniepr que dans les grand-messes internationales, et davantage dans la capacité de la diplomatie française à penser la guerre que dans son imagination procédurale. Face à « l'insidieuse désuétude qui atteint désormais le tabou du non-recours à la force[17] », la meilleure garantie du droit international réside dans la capacité des démocraties à montrer leur résolution face aux stratégies de déstabilisation des puissances révisionnistes et à se donner les moyens de cette compétition dans le temps long. Elle ne pourra pas se passer non plus d'un nouveau dialogue sur le règlement des conflits internationaux avec les pays du Sud global, que la guerre russe en Ukraine et la guerre au Proche-Orient ont plus que jamais éloigné des positions occidentales. Ces deux conflits sont liés et seront la matrice du nouvel ordre international. Dans les deux cas, le monde regardera la façon dont les Occidentaux, et la France en particulier, feront respecter les règles de droit international, notamment pénal et humanitaire, pour jauger à la fois la justice et la force du système. Pour être garante des deux à la fois, conformément à ses valeurs et à ses intérêts, la France doit rétablir les conditions de sa puissance et renforcer ses outils d'analyse et de prévoyance.

Les conditions de la puissance

C'est une constante historique : toute grande stratégie est conditionnée à des facteurs économiques, politiques et moraux. Les périodes fastes de la stratégie française ont été des moments d'alignement entre facteurs intérieurs de la puissance et grand dessein extérieur. Un exemple célèbre : grâce au dynamisme économique issu de l'effort de reconstruction de la IVe République, le général de Gaulle peut assainir les finances publiques* et engager une dynamique de réarmement, dont le développement de la force de frappe, sans obérer la croissance économique. Les institutions qu'il façonne lui permettent en outre de disposer des leviers politiques et militaires pour solder le conflit algérien et assumer sa politique de grandeur. Politique économique, situation des finances publiques, configuration institutionnelle et volonté politique sont alignées au service de la politique d'indépendance du pays. À l'inverse, les années 1930 donnent le spectacle de contradictions flagrantes entre politique économique, politique extérieure et politique militaire : au « grand dessein » de Barthou et aux premiers plans de réarmement en 1934 s'opposent les mesures d'économie budgétaire de Louis Germain-Martin, la déflation Laval obère l'effort de défense nationale en 1935, la relance du réarmement par Blum en 1936 se heurte aux revendications sociales et à la

* Le plan Pinay-Rueff adopté en décembre 1958, qui prévoit notamment une dévaluation de 17,5 % du franc, 300 milliards de francs d'impôts nouveaux et la suppression des indexations des prix et des salaires sauf pour le SMIG, permet de stabiliser le budget, consolider la monnaie et préparer l'ouverture commerciale de la France.

mise en place des quarante heures... En ajoutant le pacifisme profond installé au sein de la société française et la polarisation politique extrême du pays qui a interdit toute constance dans ses décisions stratégiques, la France s'est rendue incapable d'honorer son réseau d'alliances à l'extérieur et a couru au désastre de 1940. La France des années 2020 est placée, une fois encore, face au défi de la cohérence entre les conditions de sa puissance, les impératifs de sa sécurité et ses ambitions internationales.

It's the economy, stupid! L'économie est la première condition de la puissance. Comme le rappelait Pierre Mendès France, qui fit la paix en Indochine notamment pour réorienter la richesse nationale vers la modernisation de l'économie et le Plan : « Un grand pays moderne ne saurait fonder son effort militaire sur une économie décadente », ou encore : « Ce n'est pas sur des conférences diplomatiques mais sur la vigueur économique que l'on fait une grande Nation[18] ». Aujourd'hui comme hier, le redressement productif et industriel de la France est une condition *sine qua non* de sa prospérité, de sa puissance militaire et de son influence en Europe. Or, le décrochage industriel et économique français par rapport à l'Allemagne, entamé en 2000 et accéléré après 2008, ne doit pas occulter un mal beaucoup plus profond et ancien : l'évolution de la balance commerciale française montre que les seuls excédents qui ont été obtenus l'ont été après les dévaluations de 1958 et 1969 et après le coup de frein donné à la consommation intérieure en 1992. Le problème de la compétitivité des entreprises françaises est en réalité non résolu depuis 1945. Ces vingt dernières années, il est devenu vital : la France est le pays développé qui s'est le plus désindustrialisé de 2000 à 2020. Résultat : un déficit commercial français de 62,2 milliards d'euros en 2023 pour un excédent allemand de 186,9 milliards. Cet écart est la matrice de divergences politiques de fond entre la France et l'Allemagne : cette dernière, qui pense sa place dans le monde avant tout sur un mode mercantiliste, a façonné le système économique européen à son image et s'écarte de la vision française sur à peu près tous les grands dossiers de politique économique (rapport à la Chine, dépendance énergétique à la Russie, vision des accords commerciaux, réaction à l'IRA américain...).

La décennie 2025-2035 sera charnière pour la stratégie économique de la France. Comprenant que le déclin économique relatif de la France en Europe était la principale fragilité de son grand dessein européen, Emmanuel Macron a fait de la réindustrialisation du pays la « mère des batailles ». Mais malgré des succès symboliques, le retour à l'équilibre de la balance des biens ne devrait pas être effectif avant au moins 2035[19]. On ne met pas fin à quarante ans de désindustrialisation en une décennie... La poursuite de ce difficile effort national imposera à la France de se confronter sérieusement et rapidement à ses vieux démons : son rapport au travail, le financement de son modèle social, sa conception de l'enseignement supérieur. Au niveau européen, elle dispose d'une fenêtre d'opportunité pour réorienter le consensus économique de l'Union en faveur de ses intérêts. D'une part, l'Allemagne vit son *Zeitenwende*, c'est-à-dire une remise en question des piliers de sa prospérité depuis la réunification : un gaz russe bon marché, un marché chinois pourvoyeur de biens à faible coût en échange de l'achat de marchandises à haute valeur ajoutée et une sécurité déléguée aux États-Unis. D'autre part, le contexte international condamne les Européens à l'action : prise en étau entre les stratégies géoéconomiques agressives des États-Unis et de la Chine, menacée, d'un côté, de voir ses entreprises industrielles aspirées par l'effet d'attraction de l'IRA américain, et de l'autre, d'être submergée par les excédents chinois, l'Union européenne n'a pas d'autre choix que de réinventer le capitalisme politique européen. Si la France est par essence une puissance conservatrice au niveau international, elle doit incarner une forme de révisionnisme européen pour adapter le consensus de Maastricht (politique de concurrence, politique monétaire, règles budgétaires...) à la nouvelle donne géopolitique mondiale. Elle ne sera toutefois crédible en la matière qu'en assainissant ses finances publiques et en stabilisant sa situation politique.

Conséquence de son faible dynamisme économique, de sa gestion des crises successives et de la structure de son modèle social, la France fait face à la détérioration de son environnement stratégique avec les finances publiques les plus dégradées qu'elle ait jamais connues en temps de paix. Cette situation la place dans une situation de fragilité alarmante et face à un dilemme qu'elle a plusieurs fois vécu dans son histoire, entre la nécessaire consolidation budgétaire qui l'attend et les exigences d'un réarmement rapide. Après plusieurs lois de programmation militaire (LPM) ayant considérablement réduit le budget des armées[20], les quinquennats d'Emmanuel Macron ont constitué une rupture, avec un réinvestissement important dans la défense du pays. Les LPM 2019-2025 et 2024-2030 ont ainsi conduit à un doublement du budget des armées, soit un effort de défense dont la dynamique est sans précédent depuis cinq décennies. Derrière cette réalité se cachent pourtant trois défis à surmonter.

D'une part, l'effort de réarmement français est en partie en trompe-l'œil car il est confronté à une réalité séculaire : préparer la prochaine guerre coûte toujours de plus en plus cher. C'était le cas hier : les forces armées françaises, sans tirer un coup de feu, ont plus dépensé pendant les quatre mois de la « drôle de guerre » de l'année 1939 que pendant l'année 1918 de guerre totale[21]. C'est le cas aujourd'hui : entre les années 1950 et les années 2020, le prix d'un avion militaire aurait été multiplié par deux cents, évolution que n'explique pas seulement leur nouvelle dimension « multirôle[22] ». Cette dimension est à prendre en compte pour mesurer l'ampleur de l'effort budgétaire nécessaire pour assurer la sécurité du pays et faire évoluer son modèle d'armée. La France entre dans une décennie dangereuse où elle devra gérer avec prudence l'effet de ciseau entre la maîtrise de ses dépenses publiques et la sanctuarisation de la hausse de son budget militaire. Deuxièmement, cet effet de ciseau imposera des choix politiques puissants et difficiles : comme le Front populaire se heurtant au dilemme entre réarmement et agenda social, ou le Gouvernement provisoire de la République française confronté en 1946 au dilemme entre réarmement et modernisation du pays, la France sera très vite en proie à une nouvelle tension entre les exigences de sa sécurité, de sa prospérité et de sa transition écologique, qu'elle ne pourra surmonter que par davantage d'effort collectif. Enfin, la dynamique de réarmement de la France doit être accompagnée d'un effort doctrinal profond pour, comme l'a affirmé Emmanuel Macron le 13 juillet 2024, « tirer les conséquences de la guerre telle qu'elle sera demain et pas telle que nous l'imaginions hier ». Il faut plusieurs années pour changer un format d'armée, et l'histoire de France enseigne que cette prouesse intellectuelle, industrielle et opérationnelle se fait rarement au rythme nécessaire en temps de paix. C'est le défi de la prochaine décennie, qui demandera un fort degré de consensus politique.

Car la dernière condition de la puissance est politique et sociale. Pour reprendre les termes de Jean-Baptiste Duroselle, toute démocratie qui souhaite poursuivre une grande stratégie a besoin d'« efficacité » décisionnelle pour déjouer le sombre pronostic de Tocqueville : « La politique extérieure n'exige l'usage de presque aucune des qualités qui sont propres à la démocratie et commande au contraire le développement de presque toutes celles qui lui manquent[23]. » Prenant la suite de deux Républiques ayant succombé à leur impuissance extérieure, la Ve République a été pensée comme une architecture institutionnelle assurant la concentration du pouvoir de décision et d'interprétation des intérêts nationaux dans la personne du chef de l'État, chef des armées. La constitution politico-militaire de la Ve République fait de cette dernière une véritable « monarchie nucléaire » : deux ans seulement séparent le premier essai nucléaire français (1960) de l'élection du président de la République française au suffrage universel direct (1962). La prééminence du chef de l'État ne doit toutefois pas masquer le rôle du Premier ministre, responsable de la défense nationale, et celui du Gouvernement, qui dispose de la force armée. À la « monarchie nucléaire » répond une « dyarchie conventionnelle » à l'équilibre particulièrement subtil en période de cohabitation. Le Parlement, sans être central dans le dispositif, joue un rôle important : les contraintes du programme nucléaire ont notamment conduit la Ve République à introduire l'outil législatif des LPM qui permettent de déjouer l'annualité budgétaire et de donner un cap aux industriels sur le temps long. Il faut se souvenir que c'est le vote de la première de ces LPM, en 1960, qui a suscité la première utilisation du désormais fameux article 49.3 de la Constitution. Cette réalité est trop souvent ignorée dans les débats institutionnels actuels : le parlementarisme rationnalisé de la Ve République est aussi une façon d'éviter les errements de la IIIe République en matière de défense et de préserver la capacité de décision politico-militaire de la Nation dans la durée. Ceux qui proclament leur volonté de le remettre en question devraient garder cette dimension à l'esprit.

L'ère d'instabilité politique inaugurée par la dissolution du 9 juin 2024 met en péril cet équilibre politico-militaire fragile sur trois points. D'une part, la fragmentation croissante du paysage parlementaire et l'essor des partis populistes menacent de fissurer le consensus politique prévalant depuis 2022 sur les questions de défense : plus du tiers de la nouvelle assemblée est composée de partis qui ne soutiennent pas le principe d'une aide à l'Ukraine ; l'exécution de la LPM 2024-2030 n'est plus assurée face aux choix budgétaires difficiles qui vont devoir être faits dans un contexte où il importera de négocier des majorités de circonstance. D'autre part, la dyarchie entre un Premier ministre de cohabitation à la majorité fragile et le président de la République ne met pas le pays dans les meilleures dispositions pour affronter une crise sécuritaire, qui pourrait alors se doubler d'une crise institutionnelle. Enfin, la pantomime parlementaire n'est jamais propice aux choix de long terme et à un débat public apaisé sur les enjeux stratégiques. Or, la société française a besoin de ce débat. L'histoire enseigne qu'il existe toujours un décalage entre réarmement matériel et réarmement moral. Les discussions outre-Manche et outre-Rhin sur le retour du service militaire sont le signe que d'autres pays, proches de nous, ont décidé d'ouvrir des débats difficiles pour préparer leur population au retour de la guerre en Europe et de la violence géopolitique. La France ne doit pas faire exception.

Construire la grande stratégie de la France

Avoir une vision claire et actualisée de ses intérêts et de ses valeurs, s'en servir pour trancher des nœuds gordiens stratégiques, être lucide sur les déterminants de sa puissance et y adapter ses ambitions internationales… Pour enrayer la hantise du déclassement qui saisit ses élites et alimente le malaise identitaire de sa population, la France a plus que jamais besoin de définir une stratégie mettant en adéquation ce qu'elle est avec ce qu'elle aspire à être. Elle n'est pas seule dans cette situation. D'autres grandes nations sont mises face à ce cas de conscience. Un pays, notamment, a été forcé par les événements à accomplir un profond travail d'introspection stratégique et à se demander à la fois quelle était sa vocation internationale et quels étaient les moyens qu'il était capable de mobiliser pour l'accomplir : frappé par l'erreur historique du Brexit, le Royaume-Uni a été condamné en 2019 à repenser sa grande stratégie en dehors de la solidarité européenne et à donner un véritable contenu politique au concept de « *Global Britain* ».

Le Premier ministre d'alors, Boris Johnson, a confié à l'historien John Bew, auteur notamment d'une monographie consacrée à l'histoire de la *Realpolitik*[24], la mission de piloter un exercice inédit : l'*Integrated Review of Security, Defence, Development and Foreign Policy*, publiée en 2021 et réactualisée en 2023. Cet exercice possède trois particularités par rapport à ses homologues français que sont les Livres blancs sur la défense et la sécurité nationale et plus récemment les Revues stratégiques. D'une part, son périmètre excède largement celui des affaires de sécurité et de défense pour proposer une véritable vision globale de l'action internationale de la Grande-Bretagne et de son nouveau rapport au monde, confronté à la solitude stratégique et aux nouvelles donnes géopolitique, climatique et technologique. D'autre part, sa portée en a fait un document éminemment politique sur l'avenir du Royaume-Uni, ce qui l'a conduit à faire l'objet d'un examen fouillé par le Parlement britannique et d'un véritable débat politique. Dans le modèle français, les Revues stratégiques sont rarement présentées au Parlement et font encore moins l'objet d'un débat approfondi car elles sont censées préparer l'élaboration des lois de programmation militaire qui, elles, imposent une véritable procédure législative. Enfin, et c'est le plus important, l'*Integrated Review*, comme son nom l'indique, est pensée comme la stratégie maîtresse et intégratrice de l'ensemble des autres stratégies nationales. Chaque département ministériel a reçu des objectifs pour en assurer la déclinaison et tous les documents de planification sectorielle, comme la stratégie nationale sur l'intelligence artificielle ou encore celle sur la décarbonation, ont été élaborés pour en servir les objectifs. Enfin, elle commande également la procédure budgétaire, qui doit refléter financièrement les priorités politiques exprimées dans l'*Integrated Review*.

L'exemple britannique est particulièrement intéressant à plusieurs titres : confronté à un traumatisme stratégique majeur, le pays a décidé de rénover profondément sa stratégie de puissance, de la formaliser dans un acte politique et de la placer explicitement au sommet de son édifice de planification nationale. Cette hiérarchie, demeurée implicite en France depuis 1958, gagnerait à être réaffirmée dans notre pays. Le Royaume-Uni dispose ainsi d'une vision de long terme décloisonnant politique intérieure et politique extérieure, d'un outil unificateur des stratégies nationales sectorielles – ce que la France a perdu avec la disparition du Plan – et d'instruments techniques et financiers assurant la cohérence de l'ensemble. La France pourrait s'inspirer de cet exemple pour élaborer sa propre grande stratégie. Elle pâtit toutefois d'un handicap par rapport au système britannique : la dyarchie entre le président de la République et le Premier ministre en matière de politique étrangère, de défense et de sécurité impose un processus qui ménage les prérogatives constitutionnelles de ces deux acteurs. Dans le cadre français, la logique institutionnelle voudrait que l'élaboration de la grande stratégie nationale soit pilotée par l'Élysée puis présentée par le Premier ministre au Parlement. À Matignon, ensuite, le soin d'organiser les outils de mise en cohérence des stratégies nationales sectorielles pertinentes et de la procédure budgétaire avec cette vision stratégique d'ensemble. Pour ce faire, deux possibilités existent : élargir les prérogatives du Secrétariat général de la défense et de la sécurité nationale, organisme placé auprès de Matignon chargé de préparer les conseils de défense et de sécurité nationale, ou créer une structure *ad hoc*, sur le modèle de feu le Commissariat au Plan, centrée sur la planification stratégique et l'ouverture interministérielle. Une telle approche mettrait en tout cas fin à la « balkanisation » des stratégies publiques et imposerait une cohérence entre nos ambitions internationales et les conditions intérieures de notre puissance, continuum plus que jamais nécessaire pour s'orienter dans un monde en fusion.

Refaire sa puissance demandera à la France un effort de lucidité et de réalisme sur elle-même et l'état du monde. Mais la vie internationale n'est pas faite uniquement du choc des puissances et des impératifs de sécurité. Si le grand combat des idéologies s'est éteint au niveau international avec la fin de la guerre froide, les idées façonnent à nouveau le monde dans une dialectique renouvelée entre l'essor des particularismes (religions, nationalismes, communautarismes, formes de capitalismes politiques) et l'universalisme occidental qui ne veut pas mourir. Plus que jamais, « les idées à la fois sont manipulées par les jeux de la puissance et contribuent à les reformuler[25] ». C'est donc aux idées et à leur compétition qu'il nous faut nous intéresser maintenant. Quels sont les grands clivages politiques qui réorganisent la vie politique des Nations ? Quelles sont les grandes visions d'avenir à construire, et sur quelles bases ? Le « grand déboussolement » est notamment le fruit de l'assèchement idéologique des forces politiques qui structurent la vie démocratique et empêchent cette dernière de se renouveler. Le surmonter impose de comprendre la façon dont vivent et meurent les idées politiques, pour oser, peut-être, en proposer de nouvelles.

CHAPITRE VI

Intérêt et utopie. Doctrines et visions d'avenir au XXIe siècle

« Et l'homme avait besoin que les prophètes blêmes
Lui parlassent du seuil de tous ces noirs problèmes
Ouvrant leurs porches monstrueux. »

Victor Hugo, « Tout le passé et tout l'avenir »,
La Légende des siècles

Nous sommes en 1516. En Italie, Nicolas Machiavel met un point final à la dédicace du *Prince* à Laurent de Médicis, qui vient de succéder à Julien comme seigneur de Florence. À l'autre bout de l'Europe, sous la supervision d'Érasme, parait la première édition de *L'Utopie* de Thomas More, sous le titre *Petit ouvrage relatif à la meilleure forme de communauté politique et à la nouvelle île d'Utopie*. Nicolas Machiavel et Thomas More : deux intellectuels observateurs des grandes convulsions politiques et religieuses de leur temps, deux destins brisés, mais aussi et surtout deux hommes d'action à qui la postérité, à tort ou à raison, attribuera la paternité de deux façons de s'orienter en politique à l'ère moderne. En ce début de XVIe siècle européen, ils posent, chacun de leur côté, les premières pierres d'un débat politique sur l'art de gouverner qui trouve aujourd'hui une étonnante actualité : le vrai pouvoir est-il enfanté par le réel ou l'imagination, la permanence ou la rupture, la politique ou la société ? Machiavel, par la radicalité de son œuvre mais aussi par son interprétation, son utilisation et sa déformation, donne naissance à la tradition de la raison d'État, dont le principe conducteur est la reconnaissance et l'interprétation de l'« intérêt » de l'État, instrument de pragmatisme radical permettant de penser la politique à partir des moyens et de la technique de l'action. Thomas More, continuateur en cela des grands politistes antiques, donne son nom à la tradition utopique, dont la caractéristique est, comme le rappelle le titre même de son œuvre, l'élaboration intellectuelle de la meilleure forme de communauté politique pour orienter l'action et établir, dans un avenir plus ou moins lointain, une société idéale. Comme le résume éloquemment le philosophe italien Mario Tronti, ces deux démarches inaugurent, en tentant de répondre à la question « Que faire ? », notre modernité politique[1].

Notre histoire politique depuis le XVIe siècle peut ainsi se lire comme la mise en œuvre, le flux et reflux de ces deux façons de se projeter dans le temps historique, entre le rationalisme des hommes d'action et le messianisme des prophètes. Claude Lefort et Raymond Aron, les deux grands penseurs français de la naissance et de la mort des idéologies, consacrent tous deux des textes à une comparaison entre Machiavel, « observateur sans illusions », et Marx, « le prophète », continuateur moderne de Thomas More[2]. La politique moderne est la quête toujours inachevée, toujours recommencée, d'une synthèse entre la politique de l'intérêt et la politique de l'utopie, entre les deux tensions du courage politique exprimées lapidairement par Jaurès : « comprendre le réel » et « aller à l'idéal ». Les grands clivages politiques, en particulier ceux de la gauche et de la droite en France, étaient encore marqués par ce savant dosage entre ces deux conceptions de l'histoire, hérité d'un temps où intérêt et utopie étaient des « principes actifs » de la structuration de la vie politique. Cette époque est révolue. Ce que j'ai appelé le « grand déboussolement » provient notamment de ce que ces outils modernes d'orientation politique, qui ont structuré le débat politique jusqu'à nos jours et creusé ses lignes de fracture, sont désormais inopérants. En d'autres termes, les clivages traditionnels – socialisme, communisme, conservatisme... – sont aujourd'hui des fossiles. Les rivières idéologiques qui les ont creusés, nées à la source de la modernité politique, sont taries. Les utopies et les intérêts qui leur ont donné naissance sont morts. Raisonner ainsi permet sans doute d'expliquer le phénomène d'éclatement politique et d'essor du populisme que nous traversons : notre paysage politique est le reflet de rapports de force, de rêves et d'ambitions d'un autre temps. Faute d'avoir réactualisé la grammaire de nos intérêts nationaux, faute d'avoir eu l'audace d'imaginer nos utopies nouvelles, nous vivons dans la grisaille d'un héritage politique en décomposition.

La mort des grands récits d'avenir et la fin des idéologies ont été théorisées dès les années 1960 aux États-Unis. La chute de l'Union soviétique et le triomphe du capitalisme mondial ont accéléré ce diagnostic. Certains ont vu dans la victoire de Machiavel sur Thomas More un motif de réjouissance : la fin des idéologies permettait le triomphe du pragmatisme de gouvernement, plus adapté à la complexité du monde et créateur d'apaisement social face au risque de la guerre civile. Elle permettait en outre d'ouvrir des espaces de dialogue entre des forces partisanes autrefois hermétiques les unes aux autres, autorisant de nouvelles formes de synthèse politique, comme celle du socialisme et du marché. D'autres ont vu dans la fin des idéologies la mort des grands récits mobilisateurs, des grandes synthèses historiques donnant un sens à la destinée des hommes et à leurs constructions politiques. La fin du rêve en politique aurait donné lieu à l'avènement des gestionnaires administrant au présent les affaires publiques, provoqué le désenchantement des citoyens vis-à-vis de la participation électorale et peu à peu épuisé la force de gouverner. La fin des idéologies a-t-elle pour autant tué toutes les énergies utopiques ? En 1960, le sociologue américain Daniel Bell, auteur de l'ouvrage *The End of Ideology*, estimait qui si les hommes devaient se débarrasser des illusions idéologiques, ils ne pourraient jamais se passer d'utopie :

> La fin des idéologies ne signifie pas, ou plutôt ne devrait pas signifier, la fin des utopies [...] Nous avons plus que jamais besoin des utopies dans le sens où l'Homme a toujours besoin d'une vision de son avenir et d'une manière de réconcilier sa ferveur avec son intelligence. Mais l'échelle qui mène à la Cité de Dieu ne sera plus une échelle de foi, ce sera une échelle du réel : l'utopie doit préciser *où* l'on veut aller, *comment* y aller, les coûts pour y arriver et, d'une certaine manière, *qui* va payer pour y arriver[3].

Face au désenchantement démocratique, la construction de nouvelles utopies concrètes est donc une grande tâche de rénovation intellectuelle pour se projeter collectivement dans l'avenir. C'est aussi une urgence pour assainir le cadre de la compétition politique dans les démocraties occidentales, dont les clivages datés ne correspondent plus à la réalité des convictions et favorisent l'essor du populisme. Comment ? De Machiavel, il faut sans doute conserver une exigence de lucidité sur ce qui est aujourd'hui nécessaire à la perpétuation et à l'accroissement de la Nation. Quelles sont, aujourd'hui, les forces réelles de la France ? Comment peut-elle conserver sa prospérité et son identité dans un monde qui a, depuis quarante ans, radicalement changé ? Quelles sont les permanences, dans son organisation sociale et politique, qui doivent être préservées et les totems qui doivent être abattus ? Sans réponse à ces questions, sans cesser de se bercer d'illusions, nulle stratégie sérieuse n'est possible. De Thomas More et des penseurs de l'utopie, il faut retenir la faculté d'imagination d'un ordre social plus juste et de transformation du réel permettant de donner un sens à l'histoire humaine, sans sombrer dans l'invocation stérile. Lucidité et imagination, pragmatisme politique et ambition de transformation sociale, calcul et invention... : opérer cette synthèse est un défi. Pour y parvenir, il faut commencer par analyser où nous en sommes. Le paysage idéologique français est aujourd'hui issu de la victoire d'Emmanuel Macron en 2017. En constatant l'inopérance du clivage gauche/droite et en théorisant le « dépassement », le futur président de la République avait perçu dès 2016 la désintégration idéologique du paysage politique français et suscité l'espoir d'une recomposition nécessaire. Le clivage entre « progressistes » et « conservateurs », défendu comme nouvelle matrice idéologique de la démocratie française, a pourtant échoué à fournir une nouvelle boussole politique à des Français plus que jamais désorientés. La Révolution annoncée n'a malheureusement pas eu lieu. Elle reste à construire.

L'impasse du clivage progressisme/conservatisme : faux avenir contre faux passé

Loin d'être une nouveauté, le clivage entre progressistes et conservateurs réactivé dans les années 2010 est l'un des plus anciens de la modernité politique. Il se structure au cours du XVIIIe siècle autour de l'opposition entre, d'une part, les partisans de la Raison comme force motrice de l'Histoire et instrument d'un perfectionnement moral et politique continu de l'humanité, et d'autre part, les penseurs critiques de la Révolution française défendant l'existence d'un ordre naturel et de hiérarchies traditionnelles à préserver face au risque du chaos social. Ce clivage est donc, structurellement, une opposition sur la valeur politique du temps. D'un côté, le progrès est résolument orienté vers l'avenir, dans une « marche lente, mais régulière[4] ». L'avenir, dans cette perspective du progrès, est sans fin. Comme le résume Condorcet dans l'introduction de l'*Esquisse d'un tableau historique des progrès de l'esprit humain*, « les progrès de cette perfectibilité, désormais indépendants de toute puissance qui voudrait les arrêter, n'ont d'autre terme que la durée du globe où la nature nous a jetés[5] ». Quant aux conservateurs, ils confèrent une autorité particulière et normative au passé, à l'enracinement dans le temps long de l'Histoire. Edmund Burke, grand penseur de la contre-Révolution, résume cette primauté du passé et dénonce l'arrogance des prétendues forces de l'avenir dans ses *Réflexions sur la Révolution de France* :

> Nous savons que nous n'avons pas fait de découvertes, et nous croyons qu'il n'y a pas de découvertes à faire en moralité, ni beaucoup plus dans les grands principes de gouvernement, ni dans les idées sur la liberté qui, longtemps avant que nous fussions au monde, étaient aussi bien connus qu'ils le seront lorsque la terre aura recouvert d'humus notre présomption, et que la tombe silencieuse aura appesanti sa loi sur notre babil inconsidéré[6].

Le clivage entre progressisme et conservatisme s'estompe peu à peu après la Révolution et se fond, sans le résumer, dans le grand clivage entre la gauche et la droite qui se structure tout au long du XIXe siècle et devient la grille de lecture opérante du combat politique français pour deux siècles.

Ce grand clivage traditionnel entre la gauche et la droite s'estompe au début du XXIe siècle, pour plusieurs raisons qui tiennent tant à l'histoire politique française qu'à des forces puissantes qui réorientent l'ensemble du débat politique dans les pays développés. Regardons à gauche : c'est elle qui gouverne en France au moment du triomphe néolibéral global des années 1980 (septennats Mitterrand) et de la mondialisation triomphante du tournant des années 2000 (gouvernement Jospin). Ces expériences ont laissé des traces idéologiques profondes, renforcées par l'émergence d'une classe moyenne aisée issue des Trente Glorieuses et la désindustrialisation rapide de la France à partir des années 1980, qui ont érodé massivement le substrat sociologique de la gauche et sa base électorale traditionnelle. Résultat, la gauche française se convertit assez naturellement au libéralisme économique tout en conservant son libéralisme culturel, qui devient peu à peu le seul clivage réel avec la droite. Ce basculement explique la tentation actuelle d'une partie de la gauche, par souci de différenciation électorale, de forcer le trait du libéralisme culturel jusqu'à la caricature « woke », pourtant si étrangère au républicanisme dont elle est issue. Comme le souligne Jacques Julliard : « Cette substitution du libéralisme moral au progressisme social est un moment essentiel qui ramène les socialistes aux idéaux encyclopédistes et les éloigne de la philosophie marxiste [...] Le retour de la social-démocratie française à la philosophie bourgeoise du progrès explique en grande partie son divorce d'avec l'extrême gauche et d'avec certains intellectuels critiques[7]. » Les débats actuels au sein de la gauche, notamment entre La France insoumise et le Parti socialiste, n'ont pas d'autre origine intellectuelle. Regardons maintenant à droite : depuis quarante ans, la droite républicaine se place presque automatiquement dans une posture défensive face à la gauche, dénonçant en permanence l'irréalisme voire la dangerosité de son projet. Elle ne propose pas, elle dénonce. S'il existe en son sein un vrai courant conservateur, incarné intellectuellement et politiquement par certaines personnalités qui développent une véritable critique sociale du changement et analysent avec profondeur le malaise occidental issu de l'accélération universelle du monde[8], le conservatisme de la plus grande partie de la droite est davantage le résultat par défaut de son inaptitude à penser l'avenir qu'un véritable socle idéologique. Avec une double paresse intellectuelle : une incapacité à réaliser son *aggiornamento* écologique et, par peur des mutations du monde, un reniement quasi total de son libéralisme économique. Le conservatisme français contemporain n'est pas, sauf chez quelques intellectuels et personnalités politiques isolés, une véritable proposition politique assise sur l'autorité de la tradition et une doctrine de l'enracinement. Il est une course effrénée et perdue d'avance derrière l'évolution du monde qu'il a renoncé à maîtriser : un aveu d'impuissance.

En 2017, confronté à cette recomposition qui le précède et qu'il accélère, Emmanuel Macron théorise la disparition du clivage gauche/droite et le retour de l'opposition entre les progressistes – dont il est la figure de proue – et les conservateurs comme fracture opérante de la politique française. Ce faisant, il crée une double déception. D'une part, le rapport du progrès à l'avenir est, je l'ai déjà évoqué, « pathologique » : le progrès n'est pas un mouvement vers une société idéale mais une glorification du mouvement pour lui-même. Il est une éternelle dynamique, c'est-à-dire le contraire d'une vision politique. Cette absence de formalisation du projet national entraîne presque automatiquement une division de la société entre ceux qui ont les moyens matériels et cognitifs pour adhérer au pur mouvement et ceux dont l'incertitude face à l'avenir est un marqueur social. Le sociologue Nicolas Duvoux explique brillamment dans son ouvrage *L'Avenir confisqué* que la capacité à se projeter dans le futur est aujourd'hui un facteur majeur d'inégalité[9]. Dans un monde où le temps vécu est une forme de patrimoine, le progressisme a été perçu par nombre de Français comme une idéologie pour riches. D'autre part, le progressisme étant par définition un optimisme, il s'est heurté, de l'aveu même du président de la République, au retour du « tragique de l'Histoire » ; crises climatique et sanitaire, compétition des puissances, guerre en Ukraine et au Proche-Orient, disruption technologique, stagnation de la productivité et du pouvoir d'achat… La difficulté à produire des améliorations sensibles dans le champ économique et social a conduit à recentrer la notion de progrès sur sa dimension sociétale, largement insuffisante pour changer l'expérience de vie des Français et satisfaire la promesse politique du progressisme. Enfin, la promotion du clivage entre les progressistes et les conservateurs a peut-être été, avec le recul, un échec tactique : il a en réalité ralenti la construction d'un bloc central puissant face aux blocs populistes de droite et de gauche, renforçant la force d'attraction de ces derniers. Alors que l'alliance des libéraux et des conservateurs est, dans beaucoup de pays européens, une solution naturelle de gouvernement, elle a pris en France les allures d'un mariage subi et tardif après la dissolution de juin 2024 et la constitution du gouvernement de Michel Barnier. Dans un contexte où les véritables lignes de force du paysage politique se réorganisaient autour d'une logique de tripartition, le clivage artificiel progressisme/conservatisme, parti de l'avenir contre parti du passé, a favorisé tous ceux se présentant comme le parti du présent. Or, c'est bien l'une des caractéristiques du populisme contemporain, dont le rapport au temps mérite d'être analysé pour expliquer à la fois les clefs de son succès et ses limites idéologiques.

« No Future » : *l'éternel présent populiste*

L'émergence du populisme comme force politique de premier plan dans les démocraties occidentales est l'un des grands faits politiques contemporains. Le sociologue Pierre Rosanvallon va jusqu'à parler de « siècle du populisme » pour qualifier l'irrésistible ascension du phénomène au XXIe siècle[10]. Si la notion est plurielle et complexe, populisme de gauche et populisme de droite ont en partage de s'être construits autour de l'opposition peuple/élites, d'une volonté d'instrumentaliser la rancœur sociale et de la contestation des procédures démocratiques représentatives. Tout cela est bien documenté. Je voudrais proposer une analyse différente de l'émergence et du succès du populisme, en lien avec l'objet même de cet ouvrage : le populisme est un enfant du « grand déboussolement », une idéologie politique négative qui émerge de la mort des grandes idéologies éclairant l'avenir. Il est le fruit d'un temps politique valorisant le présent et l'immédiateté, et propose des solutions centrées sur la satisfaction immédiate de ce qu'il estime être les revendications du peuple. En un mot, le populisme est une idéologie qui surgit d'un rapport pathologique au présent, y compris lorsqu'il s'agit, pour le populisme de droite, de réinventer un hier fantasmé pour les besoins d'un agenda politique d'aujourd'hui. Comme le résume avec brio l'historien italien du populisme Federico Tarragoni : « En matière de populisme, on navigue souvent entre le présentisme (l'idée de la nouveauté radicale de notre présent, disjoint du passé) et l'anachronisme (la lecture distorsive des populismes du passé à partir de notre présent)[11]. »

Ce rapport pathologique au présent n'est en réalité que le reflet de celui de la société. À l'heure du « narcissisme de masse », la politique se résume de plus en plus à un rapport de consommation dont les personnalités, et non plus les idées, constituent le produit. Le monde politique est désormais contaminé par un imaginaire marchand, instrumentalisé notamment par l'extrême droite, qui reconfigure le rapport des citoyens au discours politique[12]. Les hommes politiques eux-mêmes sont déboussolés face à des foules venues non plus pour écouter leurs propositions, mais pour les voir, les toucher et se prendre en photo avec eux. Cette tendance du populisme à se nourrir de l'appétit des citoyens pour l'immédiat est évidemment catalysée par les technologies numériques. La politique au temps du numérique serait ainsi « spontanément populiste[13] » : l'existence du smartphone renforce l'exigence que les politiques apportent des réponses immédiates – dans les deux sens du mot : instantanées et sans médiation – aux préoccupations des citoyens. Quant aux réseaux sociaux, ils sont le terrain de jeu privilégié des partis populistes. Ils créent les conditions d'un débat public triplement mutilé en limitant structurellement le champ de l'expression (du côté de l'offre, avec par exemple les fameux cent quarante caractères de X, anciennement Twitter, mais aussi de la demande, avec un temps d'attention aux contenus estimé à huit secondes), en personnalisant à outrance la vie politique (la politique « télé-réalité » où le messager apparaît plus important que le message, les personnalités politiques devenant une catégorie particulière d'influenceurs) et en créant des prisons algorithmiques qui abreuvent les citoyens de messages ciblés.

Dans ce débat public mutilé, la notion même de vérité devient relative et la frontière entre passé, présent et futur se brouille. Le populisme de droite, notamment, revisite un passé fantasmé au service de son projet politique. En Hongrie, Viktor Orbán a créé en 2014 un institut bien nommé, Veritas, ayant pour vocation de renforcer l'identité hongroise en produisant un discours réhabilitant le régime d'extrême droite de Miklós Horthy. Un Comité pour la mémoire nationale a également pour fonction de revisiter le récit national et d'instaurer une mythologie d'État. La mécanique intellectuelle est toujours la même : retourner à l'âge d'or du passé impose la restauration de l'ordre aujourd'hui. *Make America Great Again*. Peu importe si cet âge d'or n'a jamais existé, pourvu que les électeurs le croient. Le présent, quant à lui, est un champ de bataille cognitif où la confusion est sciemment entretenue : rien ne peut plus être tenu pour vrai, la distinction entre le fait et l'opinion s'estompe, les notions mêmes de diagnostic et de constat, pourtant nécessaires à la construction d'une stratégie sur le temps long, perdent de leur valeur. Comment se projeter dans l'avenir si aucun consensus sur la situation actuelle n'est possible ? Au-delà de la légitime controverse politique, le débat français sur les réformes des retraites en 2019 et en 2022 est un exemple topique de l'incapacité à construire un constat largement partagé sur la situation financière des régimes de retraite et donc sur la nécessité même d'une réforme. L'ère de la post-vérité place le gouvernement dans le rôle de producteur d'une vérité parmi d'autres, contestée comme les autres, amenuisant d'autant sa force de réformer.

Cette relativisation de l'autorité épistémique du gouvernement est une conséquence particulièrement frappante du populisme numérique. Elle se manifeste notamment par une indifférenciation croissante entre la période de campagne électorale et la période de gouvernement. Le cycle politique et technologique que nous traversons « fait qu'en permanence, en période d'élections ou pas, nous sommes dans une logique de campagne électorale, marquée par l'affrontement, l'absence de compromis, la radicalisation[14] ». L'un des leviers du populisme est ainsi de discréditer et de délégitimer l'ensemble des négociations ou procédures de mise en œuvre de la décision publique, forcément longues, complexes et difficiles, qui font l'essence du gouvernement du réel. Gouverner, n'est-ce pas aussi simple que « tweeter » ? D'où un rapport ambivalent des populistes au pouvoir et leur réticence instinctive à assumer la responsabilité de gouverner, la posture d'opposition permettant plus facilement de « cliver » et de « buzzer » pour alimenter la grande machine du populisme numérique. Cette crainte du populisme de prendre en charge l'avenir de la collectivité est perçue dès l'Antiquité. Cléon, l'archétype du démagogue, courtisan du peuple, à qui Nicias le stratège propose de passer le commandement, recule face à l'ampleur de la tâche : « Cléon, s'imaginant d'abord que cette autorisation n'était qu'un mot, s'y montrait tout disposé ; puis, comprenant que l'autre voulait réellement lui passer le commandement, il reculait : ce n'était pas lui qui était stratège, disait-il, mais Nicias ; car il avait peur, maintenant, et il ne supposait pas que celui-ci oserait lui céder sa charge[15]. » Dévaloriser le vrai pouvoir tout en craignant de l'exercer, voilà la grande faiblesse du populisme.

Même lorsqu'il prétend gouverner, le populisme est prisonnier de sa vision instantanéiste du pouvoir. Les propositions des partis populistes, de gauche comme de droite, se retrouvent ainsi dans une critique commune de la lenteur des procédures démocratiques. Derrière leur fascination pour le référendum, qu'il soit d'initiative citoyenne ou non, se cache non pas seulement la volonté d'un appel direct à la souveraineté du peuple, mais aussi la tentation de court-circuiter le temps long de la délibération démocratique au fondement des institutions représentatives. Là encore, le référendum et les instruments de démocratie directe permettent d'incarner une décision publique instantanée, immédiatement applicable, immédiatement satisfaisante. Peu importe si son application est impossible ou difficile, longue ou complexe, si des procédures judiciaires peuvent en ralentir la mise en œuvre pour préserver les droits et libertés : rien d'autre ne compte que la souveraine puissance du peuple exprimée dans l'instant. À l'inverse, lorsque le leader populiste au pouvoir est contraint de respecter le fonctionnement des institutions démocratiques, il est forcément empêché, entravé, ralenti dans sa volonté d'agir. La démocratie est un carcan pour qui se rêve en démiurge.

Dans son grand roman sur le pouvoir, *Le Mage du Kremlin*[16], Giuliano da Empoli décrit l'atmosphère nihiliste, presque punk, des débuts du poutinisme en Russie. Le slogan punk « *No Future* » est un bon résumé de la fièvre présentiste du populisme contemporain. Comment la conjurer ? D'abord, être lucide : croire que les conditions qui ont rendu possible l'émergence du populisme numérique vont disparaître est une illusion. Les réseaux sociaux, la starification politique et les manipulations de l'information seront toujours là demain. Le défi est de rendre de la profondeur de champ au débat public en tenant compte de ces paramètres. Cela signifie, pour les partis modérés, s'adapter à la nouvelle donne sans renier leur vocation de gouvernement, tout en dépassant leur tentation gestionnaire. Le meilleur antidote à l'éternel présent du populisme est ainsi de proposer une vision d'avenir emportant la conviction du plus grand nombre, dans la tête et dans les cœurs. Comme le souligne Giuliano da Empoli :

> Il ne suffit pas d'être les premiers de la classe pour gagner, il faut savoir tracer la voie et, surtout, réveiller les passions. La capacité de leadership et la force d'une vision politique restent déterminantes. Il ne peut pas y avoir de projet politique victorieux qui ne porte pas en soi l'envie contagieuse de transformer la réalité, fût-ce pour revenir en arrière comme le souhaitent

la plupart des nationaux populistes [...] Les forces modérées, progressistes et libérales, continueront de reculer tant qu'elles ne parviendront pas à proposer une vision motivante du futur[17].

L'hypothèse libérale-écologique

Quelle est la vision d'avenir qui conjurera le risque populiste ? Nombreux sont ceux qui se livrent à des tentatives de rénovation intellectuelle et s'emploient à fixer des caps nouveaux vers des futurs désirables. Je formule l'hypothèse que cette quête n'aboutira que par une réconciliation entre Machiavel et Thomas More, entre la politique de l'intérêt et la politique de l'utopie. Côté Machiavel, l'état du monde impose d'assumer un libéralisme fort et moderne, au moment où tant de forces obscurantistes s'attaquent à la liberté des hommes et, plus encore, des femmes. Le libéralisme à la française, qui n'est pas l'ultralibéralisme anglo-saxon, est un héritage politique à redécouvrir et moderniser. C'est une idéologie enracinée dans l'histoire de la République, qui a participé depuis le XIXe siècle à bâtir le contrat social et politique de la France moderne. Dans le domaine économique et social, c'est une philosophie des forces productives au sens large, une ambition de prospérité pour les classes moyennes « où les "gros" trouvent leur place sans que les petits ne se sentent exclus[18] », une croyance dans les possibilités infinies du travail et du mérite pour tous ceux qui contribuent à la puissance de la Nation. Dans le domaine politique, le libéralisme à la française défend la vision de la liberté, de l'autonomie et de la responsabilité de l'Homme, ainsi que ses droits imprescriptibles en tant qu'individu (sécurité, propriété...), comme une exigence de réciprocité avec l'État : aux droits que ce dernier garantit au citoyen répondent des devoirs civiques tout aussi impératifs. Côté Thomas More, la transformation écologique du monde est sans conteste la grande utopie moderne. Utopie, car elle provoque chez les humains le sentiment douloureusement éprouvé d'une insatisfaction face à l'existant et que « quelque chose manque » face à la crise climatique, terreau psychologique et politique qui forme depuis la nuit des temps la conscience utopique. Utopie, car la création d'une société libre et prospère dans un monde habitable est une grande quête encore inachevée qui demandera un effort majeur de transformation politique, juridique et économique des sociétés occidentales. Il n'y a pas de projet politique plus enthousiasmant que ce que j'appelle le libéralisme écologique : reconfigurer notre économie fossile et notre pacte social pour construire une vie bonne et libre dans les limites de la planète.

Hélas, pour beaucoup, le libéralisme est incompatible avec l'écologie. Seul l'adjectif *social* serait suffisamment noble pour y être associé. La social-écologie serait un truisme, la libéral-écologie un oxymore. Et pour cause : le libéralisme serait le fondement idéologique à la destruction de la planète ! Comme le résume le philosophe Pierre Charbonnier, qui a exploré le dessous écologique des cartes des grandes idéologies politiques, « le pacte qui s'est noué entre croissance économique et démocratisation de la société, dont l'économie politique du XVIIIe siècle est sans doute la première formulation conséquente, suppose que d'abondantes réserves de terres et de richesses (essentiellement de l'énergie) soient disponibles – ou rendues disponibles[19] ». Cette analyse pose une question vertigineuse : y a-t-il des conditions écologiques à l'égalité et à la liberté ? En d'autres termes, la démocratie libérale est-elle une forme politique appelée à disparaître ou à changer radicalement du fait de la crise climatique ? Je ne le crois pas. D'abord, cette proposition ne résiste pas à l'analyse : les modèles d'inspiration socialiste comme l'Union soviétique ou la Chine communiste ne sont manifestement pas plus protecteurs de l'environnement que les démocraties libérales. Quant aux partis se revendiquant de l'écologie politique, bien qu'ils demeurent souvent prisonniers des séductions intellectuellement datées de l'anticapitalisme des années 1970 inspirées des écrits des philosophes André Gorz et Ivan Ilitch, ainsi que de l'ingénieur René Dumont, ils ne proposent plus réellement de modèle de société rompant radicalement avec la démocratie libérale. Ensuite, il existe bel et bien une généalogie écologique du libéralisme. Dans ses origines idéologiques qui remontent au XVIIIe siècle, il apparaît ainsi particulièrement attentif à la durabilité et à la soutenabilité de son modèle de développement économique : l'abondance s'organise dans un monde fini, ce qui impose un usage raisonné des ressources tout en veillant à leur reconstitution[20].

C'est même un intellectuel libéral au passé sulfureux qui a inventé en France le terme d'*écologie politique*. Bertrand de Jouvenel est plus connu aux États-Unis que dans son pays natal, mais il est à la fois un pionnier de la conscience écologique française et l'un des fondateurs de la discipline prospective dans notre pays, ce qui l'amènera à fonder en 1964 la revue *Futuribles*, qui existe toujours. C'est cette double obsession – penser le temps long et percer les secrets du pouvoir – qui amène Bertrand de Jouvenel à la réflexion écologique. Cette dernière n'est pour lui que le prolongement naturel de la science économique : comptabiliser l'oxygène dans le PIB pour évaluer correctement la richesse des Nations, s'interroger sur la valeur d'un arbre sont autant d'impératifs catégoriques des politiques économiques modernes. Comme il le résume dans son article fondateur « De l'économie politique à l'écologie politique » datant de 1957 :

> Si la limitation de la science économique est la condition de sa rigueur, chercher à élargir son domaine n'est pas sans danger ; mais c'est inévitable puisque la croissance de notre pouvoir, l'évolution toujours plus rapide et les résultats de nos techniques exigent qu'on ait une science capable de donner des conseils pour l'action. Or la science économique est appelée à jouer ce rôle. Pour y parvenir, il faudrait que l'économie politique devienne l'écologie politique ; je veux dire que les flux retracés et mesurés par l'économiste doivent être reconnus pour dérivations entrées sur les circuits de la Nature[21].

J'ai essayé, dans le chapitre « Gouverner l'Anthropocène » (p. 107), de faire des propositions concrètes de mise en œuvre d'un libéralisme écologique qui ne se résume pas uniquement à des mécanismes de marché. Et, dans le chapitre « Planifier ou libérer ? Dépasser l'État stratège » (p. 73), de tracer une juste ligne sur ce que devrait être le rôle de l'État pour se projeter dans l'avenir au XXIe siècle. Car le libéralisme n'est pas réductible à la devise classique « Laissez faire, laissez passer ». Le libéralisme n'exonère pas de penser l'État et le pouvoir. Il est même une réflexion constante sur la juste place du souverain. François Guizot, penseur et praticien au XIXe siècle d'un véritable libéralisme de gouvernement, soulignait déjà l'existence d'une forte demande sociale d'intervention publique rendant intenable la prétention d'État minimal de ses amis libéraux : « Serait-ce que vous regardez le pouvoir public comme uniquement voué à réprimer, punir le mal, jamais à prendre l'initiative du bien ? Chimérique prétention de le mutiler dans ses relations avec la société, de l'armer d'un côté en le paralysant de l'autre ! Détrompez-vous ; il n'y consentira point, et la société elle-même ne souffrira pas qu'il y consente[22]. » Aujourd'hui comme hier, la liberté sans l'État reste une valeur morte. C'est encore plus vrai au moment où des voix s'élèvent pour limiter les libertés publiques afin d'affronter la crise climatique. La puissance publique a plus que jamais un rôle d'arbitre à jouer entre des exigences contradictoires : à la conciliation classique entre droits et devoirs s'ajoute désormais la contrainte des limites planétaires.

La transition écologique, y compris dans une perspective libérale, est ainsi une tâche régalienne qui légitime l'intervention de l'État. En cela, le libéralisme écologique ouvre une fenêtre de dialogue avec d'autres familles politiques mettant la transition écologique au cœur de leur projet de société. Un dialogue sur les modalités de la transition et les compromis politiques et sociaux à construire pour la mettre en œuvre. Un dialogue sur les mérites respectifs du marché et de l'action publique pour atteindre cet objectif. Un dialogue permettant de dépasser un débat public sur l'écologie trop longtemps sclérosé par une opposition stérile entre « décroissance » et « croissance verte ». Cette structuration imparfaite du débat écologique français, indûment cristallisé sur la notion de croissance, a longtemps interdit l'organisation d'une synthèse politique permettant l'émergence d'une véritable coalition écologique. Or, c'est bien de ce type de « majorité verte » que le pays a besoin pour se projeter dans l'avenir et conjurer la tentation populiste. Aujourd'hui ligne de fracture profonde, la transition écologique peut devenir un vecteur de rapprochement et de recomposition politique puissant. À l'ère de la crise climatique et du retour du danger géopolitique, une grande coalition ayant pour projet de défendre la liberté, la puissance et la prospérité écologique reste à bâtir. Son émergence est une urgence pour réarmer idéologiquement les démocraties face au grand combat qui les attend.

« History is again on the move » : *le grand combat des démocraties*

On a tendance à l'oublier, la démocratie est la plus grande utopie moderne. Son principe même est une fiction et une dynamique toujours inachevée dans le monde réel : l'égalité civile, juridique et politique d'individus aux origines, aux horizons et aux capacité inégales ; la liberté des citoyens dans une sphère économique et sociale structurée par des contraintes et des hiérarchies de toute nature. Les promesses de la démocratie sont par définition illimitées et rendent « *ipso facto* caduc tout débat ou tout accord sur les limites de la démocratie[23] ». Ce caractère illimité de l'utopie démocratique nous a conduits à confondre son développement avec le sens même de l'Histoire et du temps : l'avènement universel de la démocratie libérale serait le « point final » d'une évolution idéologique et politique de l'humanité tendant naturellement vers un modèle indépassable car en perpétuelle évolution. Fin de l'Histoire. Rien de tel ne s'est pourtant produit. Selon le mot du grand historien Arnold Toynbee, « *History is again on the move*[24] ». Dans un grand renversement, la démocratie libérale, qui se pensait hégémonique au tournant du siècle, est plus contestée que jamais. Aucun dirigeant démocratique ne peut plus l'ignorer : notre modèle politique est devenu « l'homme à abattre » du monde. À l'intérieur, j'ai déjà évoqué les populismes illibéraux de gauche et de droite contestant les procédures démocratiques et les institutions de l'État de droit. Les tiraillements idéologiques de la plus grande démocratie du monde, qui sombre avec Donald Trump dans un techno-populisme brutal et offensif, sont à scruter de près : la démocratie libérale telle que nous la connaissons subira-t-elle les assauts de son protecteur historique ? Les vieilles démocraties européennes sont désormais seules face à l'épreuve idéologique qui les attend. Leur identité et leur unité seront sévèrement testées par la grande vague illibérale déferlant d'outre-Atlantique et promue par les géants américains du numérique. À l'extérieur, des États ou mouvements autoritaires développent des projets de puissance qui remettent ouvertement en question les valeurs démocratiques, souvent par la violence, parfois par la guerre totale. Comme l'a estimé Emmanuel Macron dans une allocution consacrée à la guerre en Ukraine, « la démocratie n'est plus considérée comme un régime incontestable, elle est remise en cause, sous nos yeux[25] ». Face à cette contestation, certains estiment qu'il existe une loi historique selon laquelle le développement de la démocratie libérale serait lié à une stabilité d'ensemble sur le plan politique, économique et social : par « gros temps » géopolitique et climatique, les démocraties seraient toujours moins efficaces que les régimes autoritaires.

Cette analyse est évidemment erronée : il faut toujours se souvenir que les démocraties ont gagné trois guerres mondiales, en comptant la guerre froide, en moins d'un siècle. Plus près de nous, la gestion de la crise de la Covid-19 montre que les démocraties ont encore les ressources morales, la cohésion sociale et l'agilité procédurale pour traverser de grandes convulsions plus efficacement que les régimes autoritaires. Pourtant, quelque chose a changé. L'avenir ne semble plus leur appartenir. Leur capacité d'attraction se réduit à l'extérieur et l'adhésion des citoyens s'amenuise à l'intérieur. Les démocraties prennent conscience à nouveau que tout, dans leurs principes et leur existence mêmes, est toujours en question. Ce retour de l'intranquillité démocratique n'est pas une grammaire nouvelle. La démocratie est par essence le régime du conflit organisé et une rationalisation des rapports de force. Elle a surmonté plusieurs fois des chocs brutaux avec des totalitarismes qui l'ont conduite au bord de l'abîme. Mais elle a traversé ces périodes avec une conscience aiguë de sa force et de sa dignité. Une conscience aiguë qu'elle était le régime du progrès, de la prospérité et de la liberté. Qu'elle était le régime de l'avenir. Les démocrates doutent aujourd'hui d'eux-mêmes. Ils doutent d'eux-mêmes car, comme le relevait déjà Tocqueville, ils doutent de la capacité de la société démocratique à agir, à se réformer, à avoir le courage du sursaut :

> La société est tranquille, non point parce qu'elle a la conscience de sa force et de son bien-être, mais au contraire parce qu'elle se croit faible et infirme ; elle craint de mourir en faisant un effort : chacun sent le mal, mais nul n'a le courage et l'énergie nécessaires pour chercher le mieux ; on a des désirs, des regrets, des chagrins et des joies qui ne produisent rien de visible ni de durable, semblables à des passions de vieillards qui n'aboutissent qu'à l'impuissance[26].

Dans ce contexte, le libéralisme du XXIe siècle ne peut être qu'un libéralisme de combat. Les démocraties sont aujourd'hui condamnées à se donner les outils intellectuels pour penser la guerre : guerre idéologique mais aussi guerre géopolitique. En France, Raymond Aron a été le grand penseur à la fois de la liberté et de la puissance. Parfois qualifié de « libéral de guerre froide », il avait la conscience aiguë de la fragilité des démocraties et de la nécessité de se doter d'un corpus intellectuel pour penser la grande division géopolitique du monde. Venu au libéralisme par la philosophie de l'Histoire, il est venu à la pensée des relations internationales par le libéralisme. La grande leçon d'Aron est la suivante : il existe un lien indissoluble entre la capacité des démocraties à défendre leurs valeurs à l'extérieur et leur capacité à préserver la spécificité de leurs idéaux à l'intérieur. La démocratie n'est forte que si elle est sûre d'elle-même et si elle assume ses défauts, qui sont aussi ses principales qualités : équilibre des intérêts, primat de la raison, lenteur du compromis et de la négociation. C'est cette ingénierie politique et sociale unique qui crée la résilience des démocraties face aux puissances autoritaires. En cela, Aron rejoint la longue liste des penseurs qui ont décelé dans l'existence d'institutions démocratiques un avantage comparatif dans la compétition des puissances, depuis Hérodote, pour qui les Athéniens « soumis à des tyrans, ne valaient pas mieux à la guerre que leurs voisins » mais qui, « libérés de la tyrannie », firent preuve d'une supériorité « éclatante[27] » jusqu'à Montesquieu, en passant par Machiavel, qui établirent tous deux un lien logique entre la chute de l'Empire romain et la corruption des institutions républicaines. La défense de la liberté est inséparable de la puissance des démocraties. C'est lorsque la démocratie s'abandonne, c'est lorsqu'elle cesse d'être une utopie concrète à défendre et à approfondir qu'elle devient incapable de défendre ses intérêts. La démocratie, comme la liberté, est un effort ininterrompu. Ainsi que l'affirmait Raymond Aron en pleine guerre mondiale, « l'authentique morale des démocraties est une morale de l'héroïsme, non de la jouissance[28] ».

Quel avenir, alors, pour l'utopie démocratique ? Dans son dernier cours, Raymond Aron s'est déclaré préoccupé par l'absence de théorie moderne de la vertu démocratique : « Ce qu'on ne sait plus aujourd'hui dans nos démocraties, c'est où se situe la vertu. Or, les théories de la démocratie et les théories du libéralisme incluaient toujours quelque chose comme la définition du citoyen vertueux ou de la manière de vivre qui serait conforme à l'idéal de la société libre[29]. » À l'heure de l'individualisme triomphant, la notion de vertu, au sens civique et politique du terme, semble aujourd'hui surannée. Elle a d'ailleurs absolument disparu d'un débat public où la revendication des droits a complètement occulté la nécessité des devoirs. Dans le grand combat que les démocraties sont sur le point de livrer contre leurs propres démons et contre les forces qui, partout, y compris en leur sein, ont pour objectif de l'abattre, c'est pourtant la vertu des citoyens qui est l'assurance vie de la démocratie et la clef de son avenir. La démocratie n'est mortelle que faute de défenseurs. C'est cette vertu que le politique doit aujourd'hui s'employer à raviver et réenchanter. La fin des idéologies et des grandes religions séculières n'a pas occulté la nécessité de proposer un grand projet collectif en démocratie. Avec Tocqueville, il faut croire que la raison, la mesure, le compromis démocratique et l'amour de la liberté peuvent encore mobiliser les citoyens et garantir l'avenir imparfait, déséquilibré, inachevé mais incomparablement désirable du projet démocratique :

> À défaut de l'enthousiasme et de l'ardeur des croyances, les lumières et l'expérience obtiendront quelquefois des citoyens de grands sacrifices ; chaque homme étant également faible sentira un égal besoin de ses semblables ; et connaissant qu'il ne peut obtenir leur appui qu'à la condition de leur prêter son concours, il découvrira sans peine que pour lui l'intérêt particulier se confond avec l'intérêt général[30].

Une chose est sûre : la mort des idéologies n'a pas tué les idées. Ce sont encore elles qui ont le pouvoir de façonner le monde. À une condition : que les forces politiques qui structurent la vie démocratique entreprennent un travail sérieux de rénovation doctrinale pour faire correspondre leur programme et leur vision aux réalités du monde et aux aspirations des peuples. Faute de cet effort, le trou noir du populisme contemporain engloutira la politique dans un éternel présent. C'est la condition même du débat politique qui est en jeu. Certes les héritages politiques sont nobles et dignes de respect. Mais dans la grande recomposition idéologique en cours, ils sont moins importants que l'avenir de la Nation. Les hommes et les femmes qui penseront ces nouvelles visions politiques devront le faire sans sectarisme, y compris lorsqu'ils découvriront, peut-être, que leurs idées pour demain les rapprochent de leurs adversaires d'hier. Après tout, dans des périodes de grand péril, d'autres ont su s'unir par le passé pour défendre la liberté et la grande utopie démocratique. D'autres ont su créer les conditions de synthèses politiques nouvelles pour ouvrir des horizons jusque-là inexplorés, créer de nouvelles opportunités, mettre la France sur le chemin de son avenir. Ce n'est pas hors de portée de notre génération.

Conclusion

L'ère des stratèges

> « Moi, je n'impose de terme
> ni à leur puissance ni à leur durée.
> Je leur ai accordé un empire sans fin. »
>
> Virgile, *Énéide*, Livre I, 1, 275

Le « grand déboussolement » n'est pas une fatalité. Au terme de cette plongée dans les méandres du temps politique, nous en percevons plus clairement les contours : il traduit la difficulté que nous avons à penser ce que nous sommes en passe de devenir avec les outils, les concepts et les mots d'un temps que nous sommes en train de perdre. C'est en cela qu'il permet d'expliquer la grande crise actuelle du politique, dont la vocation et la légitimité résident depuis toujours dans la capacité à orienter l'avenir. Surmonter cette crise sera l'effort d'une génération. J'ai essayé de tracer, à travers les pages qui précédent, des lignes de force permettant de retrouver de la profondeur de champ dans l'action publique et une véritable ambition du temps long. Il y en a beaucoup d'autres possibles. Dans un monde où le « brouillard de la guerre » dont parlait Clausewitz a envahi le champ de la politique, certains relèvent la tête et tentent de porter leur regard au loin, à travers la brume. Peut-être ceux-là s'apercevront-ils que, malgré leurs divergences politiques, ils ne sont pas aussi divisés qu'ils le pensent sur les grandes questions qui engagent l'avenir de la Nation. Peut-être s'apercevront-ils que seule l'union des volontés et des caractères de ceux qui ont la passion des grandes ambitions permettra de conjurer la tentation, toujours présente dans l'esprit français, de l'abandon. La France a toujours trouvé dans ses profondeurs des hommes et des femmes énergiques pour forger son avenir. Elle en trouvera encore. Pourvu qu'elle le veuille.

Qui seront ces hommes et ces femmes nouveaux ? Quelles seront les qualités attendues de ces chefs qui auront demain la charge de gouverner l'avenir de la Nation ? J'ai beaucoup traité dans les pages qui précèdent des structures, des politiques et des organisations qui me semblent nécessaires pour retrouver le sens du temps long. J'ai peu évoqué les hommes et les femmes qui prétendent à la charge de gouverner leurs concitoyens. Pourtant, de leur caractère, de leur intelligence et de leur éthique dépend l'essentiel. Ce sont eux qui feront concrètement, par leurs discours et par leurs actes, le pont entre le passé, le présent et l'avenir du pays et auront la charge de retisser les fils distendus de notre destinée collective. Dans son grand livre sur l'art de gouverner, *Leadership*, Henry Kissinger affirme que « les chefs pensent et agissent à l'intersection de deux axes : le premier entre le passé et l'avenir, le second entre les valeurs et les aspirations de ceux qu'ils entraînent avec eux ». À cette mystique de l'engagement public, on objecte souvent que la politique ne peut plus, que les hommes politiques n'ont plus le pouvoir d'agir sur les événements et de changer la vie, qu'ils sont le jouet de forces plus grandes qu'eux : le marché, la passion des foules, les grandes transitions démographique, numérique et écologique. Il est indéniable que la force de gouverner s'est globalement affaiblie et que les volontés publiques se sont émoussées. Il est indéniable que la communication et l'opportunisme ont globalement pris le pas sur la passion de l'action, l'ambition de bâtir et les grandes convictions. Mais est-ce vraiment une fatalité ? Partout dans le monde, de grandes démocraties, de puissants régimes autoritaires et de remarquables entreprises donnent l'exemple d'ambitieux desseins, d'actions résolues et de projets spectaculaires. Dans notre pays même, les citoyens ne demandent qu'à être gouvernés et emportés dans un projet d'avenir. Dans un contexte de « grand déboussolement », le pouvoir vient à ceux qui savent fixer un cap et déployer une action déterminée dans le temps long. Nous entrons dans l'ère des stratèges.

La démocratie athénienne a forgé le terme de *stratège* pour qualifier l'une des magistratures exécutives les plus importantes de la Cité. Quand il n'est pas cantonné à la sphère militaire, le mot est devenu synonyme d'habile manœuvrier. Il veut dire plus que ça. Il caractérise également une éthique de gouvernement, celle qui consiste à toujours intégrer le long terme dans la décision publique et à anticiper en permanence les grandes transformations du monde. Le stratège est celui qui, par sa prévoyance, « fait gagner du temps » à la collectivité qu'il dirige. Gagner du temps ? C'est l'expression qu'utilise Mendès France pour qualifier son bilan politique et l'essence de sa vie publique dans son grand livre sur l'action publique, *La Vérité guidait leurs pas*[1]. Décrivant son action pour faire la paix en Indochine ou reconnaître l'autonomie de la Tunisie, il admet bien volontiers que ces décisions historiques auraient été prises tôt ou tard par l'un de ses successeurs. Mais voilà, il fallait quelqu'un pour les prendre au bon moment et avoir le courage de conjurer l'inertie, l'abstention, le laxisme toujours confortables pour le décideur mais ô combien plus coûteux en souffrances, en convulsions et en vies humaines pour la Nation. Toutes les grandes décisions publiques ont quelque chose d'avant-gardiste. En voyant loin et en devançant l'Histoire, en ayant le courage de concrétiser sa vision, l'homme d'État a le pouvoir de « faire avancer l'avenir ». Ce pouvoir est la grande noblesse et le grand fardeau de l'action politique.

Encore faut-il, en démocratie, que la vision de l'homme d'État soit partagée par le plus grand nombre. Expliquer, persuader, convaincre ses concitoyens d'endosser un projet d'avenir est au cœur de la compétition démocratique. À la condition que cette compétition s'organise autour de la vérité des discours et de la fidélité à la parole donnée. Le stratège antique devait non seulement « voir loin », mais aussi « parler vrai ». La « parrhésie », qui traduit cette obligation de dire la vérité et de toujours exprimer son intime conviction, était pour les Grecs une grande vertu démocratique. Cette exigence n'a pas pris une ride. Elle est même au fondement de l'éthique de l'homme d'État républicain. C'est Léon Blum qui, à son retour de déportation, a le mieux caractérisé cet impératif du parler vrai en démocratie : « Je ne dirai aux Français que ce que je crois vrai, ce qui est facile. Je dirai tout ce que je crois vrai, ce qui est plus difficile, au risque de leur déplaire, au risque de les choquer, au risque même d'apparaître en désaccord avec tel ou tel de mes compagnons[2]. » Dans un monde où la vérité devient relative et où les populismes de toute nature promettent de satisfaire les envies du présent au risque du mensonge sur leurs conséquences dans l'avenir, dire la vérité, même déplaisante, même difficile, est la seule façon de proposer à l'opinion un débat authentique et un choix éclairé. La vérité est une voie compliquée pour ceux, nombreux, qui prétendent conquérir le pouvoir à l'ère des *fake news* et des démagogues. Ceux-là ont la tentation permanente de louvoyer, de compromettre, de préférer cacher les obstacles plutôt que d'exhorter la Nation à les surmonter. Choisir la vérité est pourtant une nécessité absolue pour ceux, beaucoup moins nombreux, qui aspirent vraiment à exercer le pouvoir dans le sens de l'intérêt général. En démocratie, on ne peut faire pleinement que ce qui a été clairement exposé au peuple.

Car l'homme politique n'est pas seulement une figure prophétique et le militant d'un idéal, il ne trouve sa vraie vocation que dans l'action. S'il doit « prévoir en stratège », il doit aussi « agir en primitif », c'est-à-dire en ayant une sorte de culte de l'action comme aboutissement final de tout son engagement public. Se complaire dans le dire est incompatible avec l'éthique du faire, qui est la vérité de la politique. Même dans l'opposition, même loin du pouvoir, l'homme politique doit toujours préparer les conditions de l'action, se tenir prêt à assumer le poids du devoir et à réaliser ce qu'il a préparé. Même empêché momentanément d'agir, le politique trouve son mouvement vital dans l'anticipation permanente de l'action et dans l'élucidation de cette question obsédante : « Que faire ? » Cette préparation n'est jamais solitaire. La politique est un sport collectif, et l'une des qualités du chef est de savoir s'entourer des meilleurs pour enrichir, défendre et perpétuer sa vision. Mais qu'il soit placé en situation de gouverner, sa décision, même éclairée par le conseil, est un acte de solitude. C'est alors que se déploie toute la vocation de l'homme politique : faire ce qu'il a dit, honorer le mandat reçu de ses concitoyens pour satisfaire aux demandes du présent tout en bâtissant l'avenir, réformer encore, réformer toujours. Si le terme de *réforme* est issu du mot latin médiéval *reformatio* utilisé pour décrire le retour à une forme de pureté passée (qu'on pense à la réforme luthérienne, censée ramener l'Église à sa vocation originelle), il signifie ironiquement aujourd'hui la rupture, le progrès, l'avenir. Réconcilier ces deux significations, bâtir l'avenir en portant un regard lucide vers le passé est plus que jamais une boussole pour l'action publique.

Prévoir, dire la vérité, agir résolument pour faire ce qui est juste, telles sont les qualités attendues du stratège démocratique. Rien de tout cela n'est toutefois possible sans une dernière vertu, le courage, qui fait le lien entre toutes les autres. Au moment où les institutions sont usées, où la vie politique est engourdie par les complaisances et les facilités, où la parole publique est décrédibilisée, seul le courage de ses convictions permet d'assurer une cohérence absolue entre le constat, la vision, le dire et le faire. Qu'il en manque au chef et tout est perdu. Mais la force d'une démocratie réside aussi dans le courage de ses citoyens placés devant les grands choix qui s'offrent à eux : point de réforme sans effort, point de grandeur sans sacrifice, point de changement sans renoncement. Lorsqu'au courage du chef répond la force d'un peuple éclairé sur son avenir, lucide sur ses capacités et prêt à se mobiliser pour un grand projet collectif, rien ne peut plus arrêter une Nation en mouvement vers son bonheur futur. Gouverner l'avenir n'est rien d'autre que faire revivre l'exigence d'un espoir.

Notes

Introduction, p. 11

1. Secrétariat général du Gouvernement, « L'expédition des affaires courantes », note envoyée aux directeurs de cabinet des ministres, 2 juillet 2024. En ligne : https://medias.amf.asso.fr/upload/files/ExpeditionAffariesCourantes-SGG.pdf#:~:text=La%20notion%20d%E2%80%99exp%C3%A9dition%20des%20affaires%20courantes%20renvoie%20%C3%A0,de%20la%20continuit%C3%A9%2C%20le%20fonctionnement%20minimal%20de%20l%E2%80%99Etat.

2. *Ibid.*

3. Carl von Clausewitz, *Notes sur la Prusse dans sa grande catastrophe – 1806*, cité par Arnaud Teyssier, *Charles de Gaulle. L'angoisse et la grandeur*, Paris, Perrin, 2024, p. 68.

4. Jacquier-Bruère, *Refaire la France. L'Effort d'une génération*, Paris, Plon, 1945, p. 1.

Chapitre premier, p. 21

1. Près d'un quart des Français déclarent ne pas être convaincus que la démocratie soit le meilleur système politique existant dans l'étude Ipsos d'octobre 2024 pour le Conseil économique, social et environnemental, « Baromètre état de la France : quel rapport à la démocratie ».

2. Antonio Gramsci, *Cahiers de prison*, t. I, Cahier 3, Paris, Gallimard, 1996 (1930), p. 282.

3. Le Grand Continent, *Politiques de l'interrègne. Chine, pandémie, climat*, Paris, Gallimard, coll. « Esprits du monde », 2020.

4. François Flahault, *L'Homme, une espèce déboussolée. Anthropologie générale à l'âge de l'écologie*, Paris, Fayard, 2018.

5. Les représentants les plus éminents de cette recherche sur le temps et l'accélération sont, en Allemagne, l'historien Reinhart Koselleck et le philosophe Hartmut Rosa. En France, le grand historien du temps François Hartog (*Chronos. L'Occident aux prises avec le temps*, Paris, Gallimard, coll. « Bibliothèque des Histoires », 2020) et le philosophe de la vitesse Paul Virilio (*Vitesse et politique*, Paris, Galilée, 1977), ont consacré la plupart de leurs travaux à ce phénomène.

6. Hartmut Rosa, *Accélération. Une critique sociale du temps*, Paris, La Découverte, 2010.

7. Qiao Liang et Wang Xiangsui, *La Guerre hors limites*, Paris, Payot & Rivages, 2003.

8. Joint Chiefs of Staff, *Joint Concept for Competing*, 10 février 2023.

9. Cicéron, « Lettre à P. Cornelius Lentulus Spinther » (*Fam.* 1, 9), in *Correspondance. Tome III*, Paris, Les Belles Lettres, coll. « Universités de France », 2022, p. 21.

10. « Les attentes des Français en matière de leadership présidentiel et d'évolutions institutionnelles », enquête réalisée par Ipsos/Sopra Steria pour France Inter, février 2022. En ligne : https://www.ipsos.com/sites/default/files/ct/news/documents/2022-02/Enque%CC%82te%20Ipsos-France%20Inter%20-%20Pre%CC%81sidentiabilite%CC%81%20-%20Fe%CC%81vrier%202022_0.pdf

11. Cicéron, *De la divination*, Paris, Flammarion, édition bilingue, 2004, p. 159.

12. Plutarque, *Les Vies des hommes illustres*, Paris, Gallimard, coll. « Bibliothèque de la Pléiade », 1985, p. 163.

13. Thomas Hobbes, *Léviathan.* Chapitres *X-XVIII et XXI*, chapitre XIII, Paris, GF, Flammarion, 2017.

14. Pierre Mendès France, *Pour une République moderne (1955-1962)*, Paris, Gallimard, 1988, p. 824.

15. Kari Palonen, *The Struggle with Time. A Conceptual History of 'Politics' as an Activity*, Münster/Hambourg/Londres, LIT Verlag, 2009.

16. Alexis de Tocqueville, *De la démocratie en Amérique*, t. IV, Paris, Pagnerre, 1848, p. 340.

17. Pierre Nora (dir.), *Les Lieux de mémoire*, t. 1 et 2, Paris, Gallimard, coll. « Quarto », 1997.

18. Delphine Horvilleur, « Entretien entre Édouard Philippe et Delphine Horvilleur », *La Revue Horizons*, décembre 2024.

19. François Kersaudy va jusqu'à recenser les quatre-vingt-quatre prophéties du général de Gaulle dans son ouvrage *Le Monde selon de Gaulle*, Paris, Tallandier, 2020.

20. Charles de Gaulle, *Mémoires de guerre*, t. III, *Le Salut, 1944-1946*, Paris, Plon, 1959.

21. Sondage OpinionWay pour Chloé Morin, « Les jeunes et leurs valeurs », janvier 2024.

22. Charles Péguy, « Pour la rentrée », in *Œuvres en prose complètes*, t. I, Paris, Gallimard, coll. « Bibliothèque de la Pléiade », 1987, p. 1390.

23. Thucydide, *Guerre du Péloponnèse*, I, XXII, 4, Paris, Les Belles Lettres, 2009.

24. Cité par Henry Kissinger, *Leadership. Six Studies in World Strategy*, Londres, Penguin Press, 2022, p. XVII.

25. Richard E. Neustadt et Ernest R. May, *Thinking in Time. The Uses of History for Decision Makers*, Los Angeles, Free Press, 1988.

26. Prévu par la loi du 3 avril 1955, « en cas de péril imminent résultant d'atteintes graves à l'ordre public » ou en cas d'« événements présentant, par leur nature et leur gravité, le caractère de calamité publique », l'état d'urgence, qui renforce les pouvoirs de l'autorité administrative, est un régime juridique d'exception. En 2005, Jacques Chirac n'a proclamé l'état d'urgence que dans vingt-cinq départements à la suite des émeutes dans les banlieues.

27. La loi n° 2018-1213 du 24 décembre 2018 portant des mesures d'urgence économiques et sociales a été adoptée suite à la crise des gilets jaunes.

28. Gilles Finchelstein, *La Dictature de l'urgence*, Paris, Fayard, 2011, p. 30.

29. Jürgen Habermas, « La crise de l'État-Providence et l'épuisement des énergies utopiques », in *Écrits politiques*, Paris, Flammarion, 1999 (1990).

30. Marcel Gauchet, *Le Désenchantement du monde. Une histoire politique de la religion*, Paris, Gallimard, 1985.

31. P. Mendès France, *Pour une République moderne (1955-1962)*, *op. cit.*, p. 871.

32. Christophe Bonneuil et Jean-Baptiste Fressoz, *L'Événement Anthropocène. La Terre, l'histoire et nous*, Paris, Seuil, coll. « Points », 2016 (2013).

33. Londres, Oneworld Publications, 2022.

Chapitre II, p. 43

1. Nicolas de Condorcet, « Aux amis de la liberté, sur les moyens d'en assurer la durée », *Journal de la société de 1789*, 7 août 1790, n° X, cité par Pierre Rosanvallon (dir.) *in* « La démocratie et la gestion du long terme », *Science et démocratie*, Paris, Odile Jacob, 2014, p. 299.

2. C'est évidemment le cas de la richesse nationale future confisquée par les citoyens du présent avec l'explosion de la dette publique, mais également de la dette climatique ainsi que d'autres formes de préférence pour le présent, moins débattues comme la « dette esthétique » que la civilisation des pavillons et des grands ensembles laissera aux générations futures.

3. Marcel Gauchet, *La Révolution des pouvoirs. La souveraineté, le peuple et la représentation, 1789-1799*, Paris, Gallimard, coll. « Bibliothèque des Histoires », 1995, p. 74.

4. Nicolas Rousselier, *La Force de gouverner. Le pouvoir exécutif en France, XIX*e*-XXI*e *siècles*, Paris, Gallimard, coll. « NRF Essais », 2015, p. 621.

5. M. Gauchet, *La Révolution des pouvoirs…*, *op. cit.*, p. 40.

6. Joseph Nye, « L'art de manier une vision politique », *Le Temps*, 10 novembre 2011. En ligne : https://www.letemps.ch/opinions/lart-manier-une-vision-politique

7. La Fondation Friedrich-Ebert (proche des sociaux-démocrates du SPD) est créée dès 1925.

8. À la Fondation Friedrich-Ebert du SPD s'ajoutent la Fondation Konrad-Adenauer, proche des chrétiens-démocrates de la CDU, dont l'aile bavaroise, la CSU, a créé la Fondation Hanns-Seidel. Les libéraux du FDP ont fondé la Fondation Friedrich-Naumann, les Verts, la Fondation Heinrich-Böll, et le parti de gauche radicale Die Linke, la Fondation Rosa-Luxemburg.

9. Lettre de mission du Premier ministre au sénateur Jacques Oudin en date du 29 janvier 1966.

10. Michel Debré, qui avait plaidé dans *Refaire la France* (sous le pseudonyme de Jacquier, *op. cit.*) pour un mandat très long de douze ans, finit par se ranger à la « tradition républicaine » du mandat de sept ans privilégiée par le général de Gaulle.

11. P. Mendès France, *Pour une République moderne (1955-1962)*, *op. cit.*, p. 772.

12. N. Rousselier, *La Force de gouverner…*, *op. cit.*, p. 600.

13. Pierre Mendès France, *La Vérité guidait leurs pas*, Paris, Gallimard, coll. « Témoins », 1976, p. 38.

14. Paris, JC Lattès, 2011.

15. Notamment depuis l'ouvrage de Dominique Bourg et Kerry Whiteside, *Vers une démocratie écologique. Le citoyen, le savant et le politique*, Paris, Seuil, 2010.

16. Paris, Gallimard, coll. « Le Débat », 2021.

17. Michel Debré, « Discours devant le Conseil d'État », 27 août 1958. En ligne : https://mjp.univ-perp.fr/textes/debre1958.htm

18. P. Mendès France, *Pour une République moderne (1955-1962)*, *op. cit.*, p. 794.

19. André Philip, *La Démocratie industrielle*, Paris, Presses universitaires de France, 1955, p. 236, cité par Alain Pariente, « L'annualité budgétaire à l'épreuve de la Constitution », *Revue française de finances publiques*, 150, 2020, p. 49.

20. A. Pariente, *ibid.*

Chapitre III, p. 73

1. Jean Monnet cité par François Fourquet, *Les Comptes de la puissance. Histoire de la comptabilité nationale et du plan racontée par MM. Alphandéry, Aujac, Bénard, Blanc, Bloch-Laîné, Denizet…*, Paris, Éditions Recherches (Encres), 1980.

2. Le Grand Continent, « Géopolitique du rapport Draghi. L'appel de 20 États membres à la Commission pour renforcer la compétitivité », 20 septembre 2024. En ligne : https://legrandcontinent.eu/fr/2024/09/20/geopolitique-du-rapport-draghi-lappel-de-20-etats-membres-a-la-commission-pour-renforcer-la-competitivite/

3. Joël Cornette, *Le Roi de guerre. Essai sur la souveraineté dans la France du Grand Siècle*, Paris, Payot, 2010.

4. Jean Monnet, *Mémoires*, Paris, Fayard, 1988, p. 336.

5. Cité par F. Fourquet, *Les Comptes de la puissance…*, *op. cit.*, p. 112.

6. Voir aussi Daniel Agacinski *et al.*, « La planification : idée d'hier ou piste pour demain ? », France Stratégie, 17 juin 2020. En ligne : https://www.strategie.gouv.fr/point-de-vue/planification-idee-dhier-piste-demain

7. Comme le relève le rapport fait au nom de la commission des finances du Sénat sur le Haut-commissariat au Plan par M. Christopher Szczurek en date du 18 septembre 2024.

8. Cycle de quatre romans écrits par Dan Simmons entre 1989 et 1999.

9. Philipp Schoenegger *et al.*, « Wisdom of the Silicon Crowd: LLM Ensemble Prediction Capabilities Rival Human Crowd Accuracy », *Science Advances*, 10(45), novembre 2024. En ligne : https://www.science.org/doi/10.1126/sciadv.adp1528

10. Tony Blair Institute For Global Change, « Governing in the Age of AI: A New Model to Transform the State », 20 mai 2024. En ligne : https://institute.global/insights/politics-and-governance/governing-in-the-age-of-ai-a-new-model-to-transform-the-state

11. Renommée en 2022 « Institut national du service public ».

12. Walter Isaacson, *Les Innovateurs. Comment un groupe de génies, hackers et geeks a fait la révolution numérique*, Paris, JC Lattès, 2015, p. 25.

13. Erez Maggor, « Comment réussir sa politique industrielle ? Les leçons de la *scale-up nation* en Israël », Le Grand Continent, 14 février 2024. En ligne : https://legrandcontinent.eu/fr/2024/02/14/comment-reussir-sa-politique-industrielle-les-lecons-de-la-scale-up-nation-en-israel/

14. Mariana Mazzucato et Dani Rodrik, « Industrial Policy with Conditionalities: A Taxonomy and Sample Cases », UCL Institute for Innovation and Public Purpose Working Paper Series, juillet 2023. En ligne : https://www.ucl.ac.uk/bartlett/public-purpose/sites/bartlett_public_purpose/files/industrial_policy_with_conditionalities_a_taxonomy_and_sample_cases.pdf

15. Edgard Pisani, « Administration de gestion, administration de mission », *Revue française de science politique*, 6(2), 1956, p. 315-330. En ligne : https://www.persee.fr/doc/rfsp_0035-2950_1956_num_6_2_402692

16. *Ibid.* : 316.

17. *Ibid.* : 325.

18. International Association for the Evaluation of Educational Achievement, *Trends in International Mathematics and Science Study (TIMSS) 2023*, 4 décembre 2024.

19. OCDE, *PISA 2018 Results (Volume II): Where All Students Can Succeed*, 3 décembre 2019. En ligne : https://www.oecd.org/en/publications/pisa-2018-results-volume-ii_b5fd1b8f-en.html

20. Georges Pompidou, *Le Nœud gordien*, Paris, Perrin, 2019, p. 82.

21. Éric Kocher-Marbœuf, *Le Patricien et le Général. Jean-Marcel Jeanneney et Charles de Gaulle, 1958-1969*, vol. II, Vincennes, Comité pour l'histoire économique et financière de la France, 2003, p. 835.

22. Maxime Tellier, « Capitalisation puis répartition : l'histoire de nos retraites », entretien avec l'historien du travail et des mouvements sociaux Michel Pigenet, France Culture, 13 décembre 2019. En ligne : https://www.radiofrance.fr/franceculture/capitalisation-puis-repartition-l-histoire-de-nos-retraites-9252557

23. Charles de Gaulle, « Discours devant l'Assemblée consultative provisoire le 2 mars 1945 », in *Discours et messages*, t. I *Pendant la guerre, 1940-1946*, Paris, Plon, 1975, p. 530-531.

24. Michel Rocard, préface in *Livre blanc sur les retraites. Garantir dans l'équité les retraites de demain*, Paris, La documentation française, 1991, p. 16.

25. Nathalie Blanpain (Insee), « 30 000 centenaires en France en 2023, près de 30 fois plus qu'en 1970 », Insee Première, 1943, 5 avril 2023. En ligne : https://www.insee.fr/fr/statistiques/7234483

26. Chiffre de l'Institut national d'études démographiques, à retrouver sur https://www.ined.fr/fr/tout-savoir-population/chiffres/france/structure-population/centenaires/ (consulté le 21 novembre 2024).

27. Aude Lecroart (Drees), Olivier Froment, Claire Marbot et Delphine Roy (Insee), « Projection des populations âgées dépendantes. Deux méthodes d'estimation », *Dossiers Solidarité et Santé*, 43, septembre 2013. En ligne : https://drees.solidarites-sante.gouv.fr/sites/default/files/2020-10/dss43.pdf

28. Maxime Sbaihi, *Le Grand vieillissement*, Paris, Éditions de l'Observatoire, 2022.

29. Hélène Thélot (Insee), « Bilan démographique 2024. En 2024, la fécondité continue de diminuer, l'espérance de vie se stabilise ». En ligne : https://www.insee.fr/fr/statistiques/8327319

30. « Fort désir d'enfant, Fécondité en baisse, que se passe-t-il ? », enquête Kantar pour l'Union nationale des associations familiales, 14 janvier 2021. En

ligne : https://www.unaf.fr/ressources/fort-desir-denfant-fecondite-en-baisse-etude-kantar-unaf/

31. Raymond Aron, *Le Grand schisme*, Paris, Gallimard, 1948, p. 290.

Chapitre IV, p. 107

1. Jean Pisani-Ferry et Selma Mahfouz, *Les Incidences économiques de l'action pour le climat*, Rapport à la Première ministre, France Stratégie, mai 2023, p. 117. En ligne : https://www.strategie.gouv.fr/sites/strategie.gouv.fr/files/atoms/files/2023-incidences-economiques-rapport-pisani-5juin.pdf

2. Elizabeth Gibney, « Climate change has slowed Earth's rotation – and could affect how we keep time », Revue Nature, 27 mars 2024.

3. Mason Inman, « Carbon is forever », *Nature Climate Change*, 1, 20 novembre 2008, p. 156-158. En ligne : https://www.nature.com/articles/climate.2008.122

4. Dipesh Chakrabarty, *Après le changement climatique, penser l'histoire*, Paris, Gallimard, coll. « Bibliothèque des Histoires », 2023, p. 107.

5. Fernand Braudel, *L'Identité de la France*, t. I, *Espace et histoire*, Paris, Champs Histoire, 2009.

6. Emmanuel Le Roy Ladurie, *Histoire du climat depuis l'an mil*, Paris, Champs Histoire, 2020.

7. Unique roman de Giuseppe Tomasi di Lampedusa (1958).

8. L'action publique n'est pas hermétique à ce type de logique, qu'elle gagnerait à généraliser et systématiser. Deux exemples significatifs en matière d'aménagement : suite à l'ouragan Irma en 2017, l'État a décidé de créer à Saint-Martin une structure *ad hoc* d'appui à la reconstruction et une unité locale en charge du développement et de l'anticipation des risques ; la Société du Grand Paris, devenue en 2023 Société des Grands Projets, a été créée en 2010 pour mettre en œuvre la création du Grand Paris Express. Elle dispose pour ce faire de pouvoirs spécifiques en matière d'urbanisme et d'une gouvernance partenariale associant l'État et les collectivités.

9. Peter Frankopan, *Les Métamorphoses de la Terre. L'humanité et la nature. Une nouvelle histoire du monde*, Paris, Tallandier, 2024, p. 511.

10. Pierre Rosanvallon, *La Crise de l'État-providence*, Paris, Seuil, 1981.

11. Thierry Langreney, Gonéri Le Cozannet et Myriam Merad, « Adapter le système assurantiel français face à l'évolution des risques climatiques », rapport remis au ministre de l'Économie, des Finances et de la Souveraineté industrielle et numérique et au ministre de la Transition écologique et de la Cohésion des territoires, décembre 2023, p. 23. En ligne : https://www.vie-publique.fr/files/rapport/pdf/293621.pdf

12. *Ibid.*

13. *Ibid.*, p. 24.

14. Le coût des sinistres liés au retrait-gonflement des argiles a fortement augmenté en France depuis plusieurs années et il est devenu le plus important pour le régime « catastrophe naturelle », devant les inondations. Celui du seul épisode de sécheresse de 2022 a été estimé à 3,5 milliards d'euros.

15. En technique budgétaire, cela reviendrait probablement à introduire un nouveau type de compte spécial dans la loi organique relative aux lois de finances fixant les règles pour l'utilisation des revenus issus de la fiscalité environnementale.

16. On trouvera une explication détaillée d'un dispositif de ce type dans le rapport de Marc Baudry, Guillaume Bazot, Guillaume Bullier et Gilles Campagnolo intitulé « Mieux que la planification : le prix du carbone et un revenu climat. Pour une écologie de la liberté » du think tank GenerationLibre, paru en novembre 2024. En ligne : https://www.generationlibre.eu/wp-content/uploads/2024/11/RAPPORT-CARBONE-novembre-2024-GL-VF-1.pdf

17. Quelques exemples connus : les déchets, la maîtrise de l'énergie et la qualité de l'air avec l'Ademe (1999), la pêche, les milieux aquatiques, la chasse et la biodiversité avec l'Office français de la biodiversité (2019), les risques induits par l'exploitation des matériaux et par le développement de l'usage de produits chimiques avec l'Ineris (1990) ou encore la ville durable avec le Cerema (2014).

18. Daniel Perron, *La Forêt française. Une histoire politique*, Paris, Mikrós Essais, 2023.

19. Une superficie équivalente au cumul de toutes les surfaces incendiées au cours des trente-cinq dernières années.

20. Institut national de l'information géographique et forestière (IGN) et ministère de l'Agriculture et de l'Alimentation, *Synthèse périodique de l'inventaire forestier*, 47, novembre 2021. En ligne : https://www.ign.fr/publications-de-l-ign/institut/kiosque/publications/docs_thematiques/IF47.pdf

21. IGN et FCBA, *Projection des disponibilités en bois et des stocks et flux de carbone du secteur forestier français*, Rapport d'étude, mai 2024. En ligne : https://www.ign.fr/publications-de-l-ign/institut/domaines-intervention/foret/rapport-projections-foret-bois-ign-fcba.pdf

22. Un pas dans cette direction a été effectué par le rattachement de la forêt à la ministre en charge de l'écologie sous le gouvernement de François Bayrou, nommé Premier ministre le 13 décembre 2024.

23. L'Insee a fait un pas important dans cette direction en publiant le 5 novembre 2024 une « comptabilité nationale augmentée » présentant une information comptable enrichie de nouveaux indicateurs, comme le « capital climatique » et le « budget carbone ».

24. La commission sur les coûts d'abattement, présidée par Patrick Criqui, évalue les coûts de la réduction des émissions de gaz à effet de serre en France, dans une perspective sectorielle. Elle complète les travaux menés

sur la valeur de l'action pour le climat par la commission Quinet (2019) et permet de situer les actions à entreprendre par rapport à cette valeur.

25. Si plusieurs types de « prix interne » du carbone existent, l'entreprise peut notamment faire le choix d'ajouter un prix du carbone comme une nouvelle composante de la structure de ses coûts et ainsi favoriser la sélection d'un projet d'investissement qui présente une moindre intensité carbone.

26. Christophe Béchu et Pascal Canfin, « L'Europe s'affirme comme une puissance écologique », *Le Monde*, 9 mai 2023 ; Raphaël Glucksmann, « Bâtir l'Europe de 2030 : la doctrine Glucksmann », *Le Grand Continent*, 16 mai 2024 (en ligne : https://legrandcontinent.eu/fr/2024/05/16/batir-leurope-de-2030-la-doctrine-glucksmann-gc/).

27. Pierre Charbonnier, *Vers l'écologie de guerre. Une histoire environnementale de la paix*, Paris, La Découverte, 2024, p. 283.

28. Qui peuvent parfois échapper à leurs concepteurs : par exemple, les inondations d'avril 2024 à Dubaï auraient été causées en partie par des opérations d'ensemencement des nuages effectuées par les Émirats arabes unis.

29. Sanam Mahoozi, « Iran's Next-Door Neighbor Accused Of Stealing Rain Clouds As Severe Drought Sweeps Through The Country », Forbes, 26 mars 2024. En ligne : https://www.forbes.com/sites/sanammahoozi/2024/01/11/irans-next-door-neighbor-accused-of-stealing-rain-clouds-as-severe-drought-sweeps-through-the-country/

30. Son nom complet est la « Convention sur l'interdiction d'utiliser des techniques de modification de l'environnement à des fins militaires ou toutes autres fins hostiles ».

Chapitre V, p. 141

1. Jean-Baptiste Duroselle, *La Décadence, 1932-1939*, Paris, Imprimerie nationale, 1979.

2. Emmanuel Macron, « Discours du président de la République sur l'Europe à la Sorbonne », 25 avril 2024. En ligne : https://www.elysee.fr/admin/upload/default/0001/16/590bdea8bffe04ca04b5d1937fdbee72c40e4760.pdf

3. Sébastien Lecornu, *Vers la guerre ? La France face au réarmement du monde*, Paris, Plon, 2024.

4. Thomas Gomart, *Guerres invisibles. Nos prochains défis géopolitiques*, Paris, Tallandier, 2021, p. 272.

5. Le Grand Continent, « Un Green New Deal global depuis Washington : le monde de Jake Sullivan », 28 avril 2023. En ligne : https://legrandcontinent.eu/fr/2023/04/28/un-green-new-deal-global-depuis-washington-le-monde-de-jake-sullivan/

6. Dans *La Dissuasion au troisième âge nucléaire* (Paris, Éditions du Rocher, 2018), l'ancien chef d'état-major de la marine Pierre Vandier estime que

nous sommes entrés dans le « troisième âge nucléaire », caractérisé par un glissement de la doctrine d'emploi des armes nucléaires de la préservation du territoire national à un instrument utilisé pour « augmenter le niveau des enchères dans les crises périphériques ».

7. Thomas Gomart et Clément Tonon, « Le futur d'une ellipse. Le vain débat français de politique étrangère », *Hérodote*, 170, 2018, p. 43-56. En ligne : https://shs.cairn.info/revue-herodote-2018-3-page-43?lang=fr

8. Clément Tonon, *Raison d'État. Réalisme et politique étrangère en France de Richelieu à nos jours*, mémoire sous la direction de Thomas Gomart, Institut d'études politiques de Paris, 2017.

9. Henry Kissinger, *Diplomatie*, Paris, Fayard, 1996 (1994), p. 31.

10. Philippe de Béthune, *Le Conseiller d'État ou Recueil général de la Politique moderne servant au maniement des Affaires publiques* (1633), cité par Étienne Thuau, *Raison d'État et pensée politique à l'époque de Richelieu*, Paris, Armand Colin, 1966.

11. H. Kissinger, *Diplomatie*, *op. cit.*, p. 543.

12. Thierry de Montbrial et Thomas Gomart (dir.), *Notre intérêt national. Quelle politique étrangère pour la France ?*, Paris, Odile Jacob, 2017.

13. « Déclaration de M. Nicolas Sarkozy, président de l'UMP et candidat à l'élection présidentielle, sur le bilan de quatre mois de campagne électorale, le rappel des valeurs qui sont les siennes, en opposition notamment à celles de mai 1968, et son appel aux électeurs du centre pour le second tour, Paris le 29 avril 2007 ». En ligne : https://www.vie-publique.fr/discours/166575-declaration-de-m-nicolas-sarkozy-president-de-lump-et-candidat-lel

14. Jean Doise et Maurice Vaïsse, *Diplomatie et outil militaire. Politique étrangère de la France, 1871-2015*, Paris, Points, coll. « Points Histoire », 2015, p. 649.

15. Revue stratégique de défense et de sécurité nationale, 2017, p. 56. En ligne : https://www.vie-publique.fr/files/rapport/pdf/174000744.pdf

16. Acronyme d'Australia, United Kingdom et United States, formé par l'Australie, le Royaume-Uni et les États-Unis afin de renforcer leurs intérêts face à la Chine dans la zone indopacifique.

17. Michel Duclos, « Dans un monde sans règles, tous les conflits "gelés" risquent d'entrer en éruption », *Le Monde*, 23 octobre 2023. En ligne : https://www.lemonde.fr/idees/article/2023/10/23/michel-duclos-ancien-ambassadeur-dans-un-monde-sans-regles-tous-les-conflits-geles-risquent-d-entrer-en-eruption_6196021_3232.html

18. Pierre Mendès France, « Entretien avec Pierre Mendès France », *L'Express*, 16 mai 1953.

19. Olivier Lluansi, *Réindustrialiser. Le défi d'une génération*, Paris, Les Déviations, 2024.

20. Ce fut le cas des LPM 1997-2002, 2003-2008, 2009-2014 et 2014-2019.

21. Robert Frank, *La Hantise du déclin. La France de 1914 à 2014*, Paris, Belin, 2014, p. 105.

22. Sophie Lefeez, « Toujours plus chers ? Complexité des armements et inflation des coûts militaires », Focus stratégique, 42, Institut français des relations internationales, 27 février 2013. En ligne : https://www.ifri.org/fr/etudes/toujours-plus-chers-complexite-des-armements-et-inflation-des-couts-militaires

23. Alexis de Tocqueville, *De la démocratie en Amérique*, t. II, Paris, Vrin, 1990, p. 178.

24. John Bew, *Realpolitik: A History*, Oxford, Oxford University Press, 2018.

25. Pierre Hassner, « Le rôle des idées dans les relations internationales », *Politique étrangère*, 65(3-4), 2000, p. 687-702 : 687. En ligne : https://www.persee.fr/doc/polit_0032-342x_2000_num_65_3_4975

Chapitre VI, p. 169

1. Mario Tronti, *La Politique au crépuscule*, Paris, L'éclat, 2000.

2. Claude Lefort, « Réflexions sociologiques sur Machiavel et Marx », in *Les Formes de l'histoire*, Paris, Gallimard, 1978 ; Raymond Aron, *Machiavel et les tyrannies modernes*, Paris, Fallois, 1993.

3. Daniel Bell, *The End of Ideology. On the Exhaustion of Political Ideas in the Fifties*, Glencoe, Free Press, 1960, p. 405.

4. Nicolas de Condorcet, *Esquisse d'un tableau historique des progrès de l'esprit humain*, Paris, Vrin, coll. « Bibliothèque des textes philosophiques », 1970 (1793), p. 59.

5. *Ibid.*, p. 10.

6. Edmund Burke, *Réflexions sur la Révolution de France* (1790), cité par Yves Chiron *in* Jean Tulard (dir.), *La Contre-Révolution. Origines, histoire, postérité*, Paris, Perrin, coll. « Biblis », 2013, p. 93.

7. Jacques Julliard, « Gauche : du progressisme social au libéralisme moral » in *Le Débat. 20 ans, première partie*, Gallimard, coll. « Revue Le Débat », 2000, p. 2014.

8. François-Xavier Bellamy, *Demeure. Pour échapper à l'ère du mouvement perpétuel*, Paris, Grasset, 2018.

9. Nicolas Duvoux, *L'Avenir confisqué. Inégalités de temps vécu, classes sociales et patrimoine*, Paris, Presses universitaires de France, 2023.

10. Pierre Rosanvallon, *Le Siècle du populisme. Histoire, théorie, critique*, Paris, Seuil, 2020.

11. Federico Tarragoni, « Maîtriser la mutation du populisme », Le Grand Continent, 16 juin 2021. En ligne : https://legrandcontinent.eu/fr/2021/06/16/maitriser-la-mutation-du-populisme/

12. Raphaël Llorca, *Le Roman national des marques. Le nouvel imaginaire français*, La Tour-d'Aigues/Paris, Éditions de l'Aube/Fondation Jean-Jaurès, 2023.

13. Francis Brochet, *Démocratie smartphone. Le populisme numérique, de Trump à Macron*, Paris, Éditions François Bourin, 2017.

14. Gilles Gressani, « Décoder la campagne permanente, une conversation avec Giuliano da Empoli », Le Grand Continent, 6 juillet 2024. En ligne : https://legrandcontinent.eu/fr/2024/07/06/decoder-la-campagne-permanente-une-conversation-avec-giuliano-da-empoli/

15. Thucydide, IV, 28, 2-5.

16. Giuliano da Empoli, *Le Mage du Kremlin*, Paris, Folio, 2024 (2022).

17. *Ibid.*, *Les Ingénieurs du chaos*, Paris, Folio Actuel, 2023 (2019), p. 193.

18. Francis Démier, « Libéralisme à la française et synthèse républicaine », *in* Georges Lavau, Gérard Grunberg et Nonna Mayer (dir.), *L'univers politique des classes moyennes*, Presses de la Fondation nationale des sciences politiques, 1999, chap. 1, p. 27.

19. Pierre Charbonnier, « Les aventures écologiques du libéralisme », AOC media, 25 avril 2018.

20. Paul Warde, *The Invention of Sustainability. Nature and Destiny, c.1500-1870*, Cambridge, Cambridge University Press, 2018.

21. Bertrand de Jouvenel, « De l'économie politique à l'écologie politique », *Bulletin S.E.D.E.I.S.*, 671, 1er mars 1957.

22. Pierre Manent, *Les Libéraux*, Paris, Gallimard, coll. « Tel », 2001, p. 208.

23. François Furet, *Le Passé d'une illusion. Essai sur l'idée communiste au XXe siècle*, Paris, R. Laffont/Calmann-Lévy, 1995, p. 30.

24. Cité par Raymond Aron, *Mémoires. Cinquante ans de réflexion politique*, Paris, Julliard, 1983, p. 55.

25. Emmanuel Macron, « Déclaration de M. Emmanuel Macron, président de la République, sur le conflit en Ukraine et les conséquences pour l'économie française », 2 mars 2022. En ligne : https://www.vie-publique.fr/discours/284216-emmanuel-macron-02032022-ukraine-consequences-economiques

26. Alexis de Tocqueville, *De la démocratie en Amérique*, t. X, Paris, Pagnerre, 1848, p. 20.

27. Hérodote, V, 78.

28. Raymond Aron, « Naissance des tyrannies », *La France libre*, II(8), juin 1941, p. 131.

29. *Ibid.*, *Liberté et égalité. Cours au Collège de France*, Paris, Éditions de l'EHESS, 2013, p. 57.

30. A. de Tocqueville, *De la démocratie en Amérique*, *op. cit.*, p. 658.

Conclusion, p. 195

1. Paris, Folio Histoire, 2022.

2. Cité par P. Mendès France, *La Vérité guidait leurs pas*, *op. cit.*, p. 34.

Bibliographie indicative

Généralités sur la politique et le temps long

CICÉRON, *De la divination*, Paris, Flammarion, édition bilingue, 2004.

–, « Lettre à P. Cornelius Lentulus Spinther » (*Fam.* 1, 9), in *Correspondance. Tome I : Letrres I-LV*, Paris, Les Belles Lettres, coll. « Universités de France », 2022.

DE GAULLE, Charles, *Mémoires de guerre*, t. III *Le Salut, 1944-1946*, Paris, Plon, 1959.

FINCHELSTEIN, Gilles, *La Dictature de l'urgence*, Paris, Fayard, 2011.

GRAMSCI, Antonio, *Cahiers de prison*, t. I, Cahier 3, Paris, Gallimard, 1996 (1930).

HABERMAS, Jürgen, *Écrits politiques*, Paris, Flammarion, 1999 (1990).

HARTOG, François, *Chronos. L'Occident aux prises avec le temps*, Paris, Gallimard, coll. « Bibliothèque des Histoires », 2020.

HOBBES, Thomas, *Léviathan, Chapitres X-XVIII et XXI*, Paris, GF, Flammarion, 2017.

JAÇQUIER-BRUÈRE, *Refaire la France. L'Effort d'une génération*, Paris, Plon, 1945.

KISSINGER, Henry, *Leadership. Six Studies in World Strategy*, Londres, Penguin Press, 2022.

MENDÈS FRANCE, Pierre, *La Vérité guidait leurs pas*, Paris, Gallimard, coll. « Témoins », 1976.

NORA, Pierre (dir.), *Les Lieux de mémoire*, t. 1 et 2, Paris, Gallimard, coll. « Quarto », 1997.

PALONEN, Kari, *The Struggle with Time. A Conceptual History of 'Politics' as an Activity*, Münster/Hambourg/Londres, LIT Verlag, 2009.

ROSA, Hartmut, *Accélération. Une critique sociale du temps*, Paris, La Découverte, 2010.

TEYSSIER, Arnaud, *Charles de Gaulle. L'angoisse et la grandeur*, Paris, Perrin, 2024.
VIRILIO, Paul, *Vitesse et politique*, Paris, Galilée, 1977.

Institutions

CORNUT-GENTILLE, François, *Savoir pour pouvoir. Sortir de l'impuissance démocratique*, Paris, Gallimard, coll. « Le Débat », 2021.
DEBRÉ, Michel, « Discours devant le Conseil d'État », 27 août 1958.
GAUCHET, Marcel, *La Révolution des pouvoirs. La souveraineté, le peuple et la représentation, 1789-1799*, Paris, Gallimard, coll. « Bibliothèque des Histoires », 1995.
MENDÈS FRANCE, Pierre, *Pour une République moderne (1955-1962)*, Paris, Gallimard, 1988.
PHILIP, André, *La Démocratie industrielle*, Paris, Presses universitaires de France, 1955.
PARIENTE, Alain, « L'annualité budgétaire à l'épreuve de la Constitution », *Revue française de finances publiques*, 150, 2020.
ROSANVALLON, Pierre (dir.), « La démocratie et la gestion du long terme », *Science et démocratie*, Paris, Odile Jacob, 2014.
ROUSSELIER, Nicolas, *La Force de gouverner. Le pouvoir exécutif en France, XIXe-XXIe siècles*, Paris, Gallimard, coll. « NRF Essais », 2015.
DE TOCQUEVILLE, Alexis, *De la démocratie en Amérique*, Paris, Pagnerre, 1848.
–, *De la démocratie en Amérique*, Paris, Vrin, 1990.

État et action publique

AGACINSKI, Daniel *et al.*, « La planification : idée d'hier ou piste pour demain ? », France Stratégie, 17 juin 2020.
CORNETTE, Joël, *Le Roi de guerre. Essai sur la souveraineté dans la France du Grand Siècle*, Paris, Payot, 2010.
FOURQUET, François, *Les Comptes de la puissance. Histoire de la comptabilité nationale et du plan racontée par MM. Alphandéry, Aujac, Bénard, Blanc, Bloch-Laîné, Denizet…*, Paris, Éditions Recherches (Encres), 1980.
DE GAULLE, Charles, « Discours devant l'Assemblée consultative provisoire le 2 mars 1945 », in *Discours et messages*, t. I *Pendant la guerre, 1940-1946*, Paris, Plon, 1975, p. 530-531.
Grand Continent (Le), « Géopolitique du rapport Draghi. L'appel de 20 États membres à la Commission pour renforcer la compétitivité », 20 septembre 2024.
ISAACKSON, Walter, *Les Innovateurs, Comment un groupe de génies, hackers et geeks a fait la révolution numérique*, Paris, JC Lattès, 2015.

LLUANSI, Olivier, *Réindustrialiser. Le défi d'une génération*, Paris, Les Déviations, 2024.

MAGGOR, Erez, « Comment réussir sa politique industrielle ? Les leçons de la *scale-up nation* en Israël », Le Grand Continent, 14 février 2024.

MAZZUCATO, Mariana et Rodrik, Dani, « Industrial Policy with Conditionalities: A Taxonomy and Sample Cases », UCL Institute for Innovation and Public Purpose Working Paper Series, juillet 2023.

MONNET, Jean, *Mémoires*, Paris, Fayard, 1988.

PISANI, Edgard, « Administration de gestion, administration de mission », *Revue française de science politique*, 6(2), 1956, p. 315-330.

ROCARD, Michel, préface in *Livre blanc sur les retraites. Garantir dans l'équité les retraites de demain*, Paris, La documentation française, 1991, p. 16.

ROSANVALLON, Pierre, *La Crise de l'État-providence*, Paris, Seuil, 1981.

SBAIHI, Maxime, *Le Grand vieillissement*, Paris, Éditions de l'Observatoire, 2022.

SCHOENEGGER, Philipp *et al.*, « Wisdom of the Silicon Crowd: LLM Ensemble Prediction Capabilities Rival Human Crowd Accuracy », *Science Advances*, 10(45), novembre 2024.

Tony Blair Institute For Global Change, « Governing in the Age of AI: A New Model to Transform the State », 20 mai 2024.

Écologie

BONNEUIL, Christophe et Fressoz, Jean-Baptiste, *L'Événement Anthropocène. La Terre, l'histoire et nous*, Paris, Seuil, coll. « Points », 2016 (2013).

BOURG, Dominique et Whiteside, Kerry, *Vers une démocratie écologique. Le citoyen, le savant et le politique*, Paris, Seuil, 2010.

BRAUDEL, Fernand, *L'Identité de la France*, t. I, *Espace et histoire*, Paris, Champs Histoire, 2009.

CHAKRABARTY, Dipesh, *Après le changement climatique, penser l'histoire*, Paris, Gallimard, coll. « Bibliothèque des Histoires », 2023.

CHARBONNIER, Pierre, « Les aventures écologiques du libéralisme », AOC media, 25 avril 2018.

–, *Vers l'écologie de guerre. Une histoire environnementale de la paix*, Paris, La Découverte, 2024.

FLAHAULT, François, *L'Homme, une espèce déboussolée. Anthropologie générale à l'âge de l'écologie*, Fayard, 2018.

FRANKOPAN, Peter, *Les Métamorphoses de la Terre. L'humanité et la nature. Une nouvelle histoire du monde*, Paris, Tallandier, 2024.

GIBNEY, Elizabeth, « Climate change has slowed Earth's rotation – and could affect how we keep time », Revue Nature, 27 mars 2024.

INMAN, Mason, « Carbon is forever », *Nature Climate Change*, 1, 20 novembre 2008, p. 156-158.

Institut national de l'information géographique et forestière et ministère de l'Agriculture et de l'Alimentation, *Synthèse périodique de l'inventaire forestier*, 47, novembre 2021.

Institut national de l'information géographique et forestière et FCBA, *Projection des disponibilités en bois et des stocks et flux de carbone du secteur forestier français*, Rapport d'étude, mai 2024.

DE JOUVENEL, Bertrand, « De l'économie politique à l'écologie politique », *Bulletin S.E.D.E.I.S.*, 671, 1er mars 1957.

LANGRENEY, Thierry, Le Cozannet, Gonéri et Merad, Myriam, « Adapter le système assurantiel français face à l'évolution des risques climatiques », rapport remis au ministre de l'Économie, des Finances et de la Souveraineté industrielle et numérique et au ministre de la Transition écologique et de la Cohésion des territoires, décembre 2023.

LE ROY LADURIE, Emmanuel, *Histoire du climat depuis l'an mil*, Paris, Champs Histoire, 2020.

PISANI-FERRY, Jean et Mahfouz, Selma, *Les Incidences économiques de l'action pour le climat*, Rapport à la Première ministre, France Stratégie, mai 2023.

PERRON, Daniel, *La Forêt française. Une histoire politique*, Paris, Mikrós Essais, 2023.

WARDE, Paul, *The Invention of Sustainability. Nature and Destiny, c.1500-1870*, Cambridge, Cambridge University Press, 2018.

Géopolitique

DE BÉTHUNE, Philippe, *Le Conseiller d'État ou Recueil général de la Politique moderne servant au maniement des Affaires publiques*, 1633.

BEW, John, *Realpolitik: A History*, Oxford, Oxford University Press, 2018.

DOISE, Jean et Vaïsse, Maurice, *Diplomatie et outil militaire. Politique étrangère de la France, 1871-2015*, Paris, Points, coll. « Points Histoire », 2015.

DUCLOS, Michel, « Dans un monde sans règles, tous les conflits "gelés" risquent d'entrer en éruption », *Le Monde*, 23 octobre 2023.

DUROSELLE, Jean-Baptiste, *La Décadence, 1932-1939*, Paris, Imprimerie nationale, 1979.

FRANK, Robert, *La Hantise du déclin. La France de 1914 à 2014*, Paris, Belin, 2014.

GOMART, Thomas, *Guerres invisibles. Nos prochains défis géopolitiques*, Paris, Tallandier, 2021.

GOMART, Thomas et de Montbrial, Thierry (dir.), *Notre intérêt national. Quelle politique étrangère pour la France ?*, Paris, Odile Jacob, 2017.

GOMART, Thomas et Tonon, Clément, « Le futur d'une ellipse. Le vain débat français de politique étrangère », *Hérodote*, 170, 2018, p. 43-56.

Grand Continent (Le), *Politiques de l'interrègne. Chine, pandémie, climat*, Paris, Gallimard, coll. « Esprits du monde », 2020.

–, « Un Green New Deal global depuis Washington : le monde de Jake Sullivan », 28 avril 2023.

HASSNER, Pierre, « Le rôle des idées dans les relations internationales », *Politique étrangère*, 65(3-4), 2000, p. 687-702.

KISSINGER, Henry, *Diplomatie*, Paris, Fayard, 1996 (1994).

LECORNU, Sébastien, *Vers la guerre ? La France face au réarmement du monde*, Paris, Plon, 2024.

LIANG, Qiao et Xiangsui, Wang, *La Guerre hors limites*, Paris, Payot & Rivages, 2003.

MACRON, Emmanuel, « Déclaration de M. Emmanuel Macron, président de la République, sur le conflit en Ukraine et les conséquences pour l'économie française », 2 mars 2022.

–, « Discours du président de la République sur l'Europe à la Sorbonne », 25 avril 2024.

MENDÈS FRANCE, Pierre, « Entretien avec Pierre Mendès France », *L'Express*, 16 mai 1953.

THUAU, Étienne, *Raison d'État et pensée politique à l'époque de Richelieu*, Paris, Armand Colin, 1966.

THUCYDIDE, *Guerre du Péloponnèse*, Paris, Les Belles Lettres, 2009.

TONON, Clément, *Raison d'État. Réalisme et politique étrangère en France de Richelieu à nos jours*, mémoire sous la direction de Thomas Gomart, Institut d'études politiques de Paris, 2017.

VANDIER, Pierre, *La Dissuasion au troisième âge nucléaire*, Paris, Éditions du Rocher, 2018.

Idéologies

ARON, Raymond, « Naissance des tyrannies », *La France libre*, II(8), juin 1941.

–, *Le Grand schisme*, Paris, Gallimard, 1948.

–, *Mémoires. Cinquante ans de réflexion politique*, Paris, Julliard 1983.

–, *Machiavel et les tyrannies modernes*, Paris, Fallois, 1993.

–, *Liberté et égalité. Cours au Collège de France*, Paris, Éditions de l'EHESS, 2013.

BELL, Daniel, *The End of Ideology. On the Exhaustion of Political Ideas in the Fifties*, Glencoe, Free Press, 1960.

BELLAMY, François-Xavier, *Demeure. Pour échapper à l'ère du mouvement perpétuel*, Paris, Grasset, 2018.

BROCHET, Francis, *Démocratie smartphone. Le populisme numérique, de Trump à Macron*, Paris, Éditions François Bourin, 2017.

DUVOUX, Nicolas, *L'Avenir confisqué. Inégalités de temps vécu, classes sociales et patrimoine*, Paris, Presses universitaires de France, 2023.

DA EMPOLI, *Les Ingénieurs du chaos*, Paris, Folio Actuel, 2023 (2019).

–, Giulano, *Le Mage du Kremlin*, Paris, Folio, 2024 (2022).

FURET, François, *Le Passé d'une illusion. Essai sur l'idée communiste au XXe siècle*, Paris, R. Laffont/Calmann-Lévy, 1995.

GAUCHET, Marcel, *Le Désenchantement du monde, Une histoire politique de la religion*, Paris, Gallimard, 1985.

GRESSANI, Gilles, « Décoder la campagne permanente, une conversation avec Giuliano da Empoli », Le Grand Continent, 6 juillet 2024.

LEFORT, Claude, *Les Formes de l'histoire*, Paris, Gallimard, 1978.

LLORCA, Raphaël, *Le Roman national des marques. Le nouvel imaginaire français*, La Tour-d'Aigues/Paris, Éditions de l'Aube/Fondation Jean-Jaurès, 2023.

MANENT, Pierre, *Les Libéraux*, Paris, Gallimard, coll. « Tel », 2001.

ROSANVALLON, Pierre, *Le Siècle du populisme. Histoire, théorie, critique*, Paris, Seuil, 2020.

TARRAGONI, Federico, « Maîtriser la mutation du populisme », Le Grand Continent, 16 juin 2021.

TRONTI, Mario, *La Politique au crépuscule*, Paris, L'éclat, 2000.

Remerciements

Merci à Thomas Gomart pour ses conseils qui m'ont permis de mieux m'orienter dans l'affolement du monde, à Adrien Zakhartchouk, Amélie Fort-Besnard, Quentin Navaro Auburtin et Louis Sastre pour leurs remarques bienveillantes et exigeantes, à Nathalie Riché pour sa confiance. Merci à mon père et à mon grand-père à qui ce texte doit tant.

Table

PEFC
10-31-1510
Certifié PEFC

Achevé d'imprimer par
Corlet Imprimeur
14110 Condé-en-Normandie

Réalisation : Nord Compo à Villeneuve-d'Ascq
Dépôt légal : mars 2025
ISBN : 979-10-210-5902-3
Numéro d'édition : 5144
Numéro d'impression : 25010181
Imprimé en France